Contabilidade de custos

SÉRIE GESTÃO FINANCEIRA

DIALÓGICA

O selo DIALÓGICA da Editora InterSaberes faz referência às publicações que privilegiam uma linguagem na qual o autor dialoga com o leitor por meio de recursos textuais e visuais, o que torna o conteúdo muito mais dinâmico. São livros que criam um ambiente de interação com o leitor – seu universo cultural, social e de elaboração de conhecimentos –, possibilitando um real processo de interlocução para que a comunicação se efetive.

EDITORA
intersaberes

Michael Dias Corrêa

Contabilidade de custos

EDITORA
intersaberes

Rua Clara Vendramin, 58 . Mossunguê
CEP 81200-170 . Curitiba . PR . Brasil
Fone: (41) 2106-4170
www.intersaberes.com
editora@editoraintersaberes.com.br

Dados Internacionais de Catalogação na Publicação (CIP)
(Câmara Brasileira do Livro, SP, Brasil)

Corrêa, Michael Dias
Contabilidade de custos/Michael Dias Corrêa. Curitiba: InterSaberes, 2019. (Série Gestão Financeira)

Bibliografia.
ISBN 978-85-227-0084-4

1. Contabilidade de custos I. Título. II. Série.

19-27215 CDD-657.42

Índices para catálogo sistemático:
1. Contabilidade de custos 657.42

Cibele Maria Dias – Bibliotecária – CRB-8/9427

1ª edição, 2019.

Foi feito o depósito legal.

Sumário

Apresentação

Nas atividades empresariais, os custos são de importância crucial para o crescimento. Portanto, a contabilidade de custos tem o papel de identificar os valores e as atividades de custo e possibilitar que os gestores identifiquem potenciais mudanças de rumo em relação às atividades empresariais. Tendo isso em vista, esta obra apresenta os conceitos de custos aplicados às entidades – sejam elas industriais ou comerciais, sejam prestadoras de serviços –, bem como algumas aplicações práticas dessa área com o intuito de indicar para você questões mais próximas do dia a dia empresarial. Os conceitos abordados têm caráter técnico e são direcionados às atividades empresariais, mas nada impede que também possam ser utilizados no dia a dia, para facilitar nossos controles financeiros pessoais. Finalmente, alguns critérios, como custeio por atividades e custos conjuntos, são destinados em grande parte ao gerenciamento das empresas, evidenciando a relevância do gestor do contador de custos nos dias atuais.

Como aproveitar ao máximo este livro

Este livro traz alguns recursos que visam enriquecer o seu aprendizado, facilitar a compreensão dos conteúdos e tornar a leitura mais dinâmica. São ferramentas projetadas de acordo com a natureza dos temas que vamos examinar. Veja a seguir como esses recursos se encontram distribuídos no decorrer desta obra.

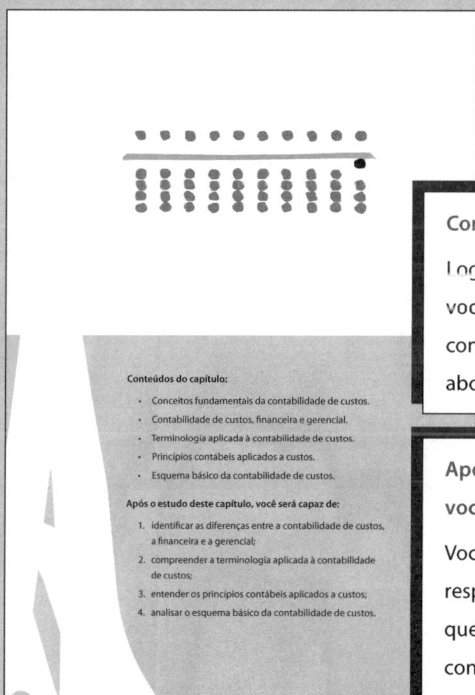

Conteúdos do capítulo:

- Conceitos fundamentais da contabilidade de custos.
- Contabilidade de custos, financeira e gerencial.
- Terminologia aplicada à contabilidade de custos.
- Princípios contábeis aplicados a custos.
- Esquema básico da contabilidade de custos.

Após o estudo deste capítulo, você será capaz de:

1. identificar as diferenças entre a contabilidade de custos, a financeira e a gerencial;
2. compreender a terminologia aplicada à contabilidade de custos;
3. entender os princípios contábeis aplicados a custos;
4. analisar o esquema básico da contabilidade de custos.

Conteúdos do capítulo

Logo na abertura do capítulo, você fica conhecendo os conteúdos que nele serão abordados.

Após o estudo deste capítulo, você será capaz de:

Você também é informado a respeito das competências que irá desenvolver e dos conhecimentos que irá adquirir com o estudo do capítulo.

21

Perguntas & respostas

Por que se diz que a contabilidade financeira serve apenas para cumprir regras e a contabilidade gerencial se preocupa mais com as estratégias de uma entidade?

Porque a contabilidade financeira conta com algumas formalidades estruturais e normativas, ao contrário da contabilidade gerencial, que não dispõe desses elementos de maneira clara.

A contabilidade financeira existe para o cumprimento de regras, mas não se limita a isso. As demonstrações contábeis, por exemplo, são elaboradas de acordo com os preceitos da contabilidade financeira. Já a contabilidade gerencial caminha mais alinhada com as estratégias empresariais, pois não é tão regrada quanto a financeira. Muitas das informações geradas pela contabilidade gerencial, aliás, sequer precisam ser divulgadas para o governo.

Perguntas & respostas

Seção que apresenta respostas e comentários a dúvidas comuns em torno do assunto abordado.

Exercícios resolvidos

Nesta seção a proposta é acompanhar passo a passo a resolução de alguns problemas mais complexos que envolvem o assunto do capítulo.

40

Exercícios resolvidos

1. **Em relação aos aspectos conceituais, como pode ser diferenciada a contabilidade financeira da contabilidade gerencial? Como a contabilidade de custos se configura em relação a esses conceitos?**

A contabilidade financeira é a vertente mais tradicional da contabilidade, utilizada pelas empresas para manter a conformidade legal, o cumprimento às normas e legislações e a conformidade tributária. Já a contabilidade gerencial é realizada em uma vertente mais interna para as empresas, gerando informações úteis para os gestores e potenciais investidores, caracterizados como usuários externos. A contabilidade gerencial não se preocupa tanto com o cumprimento de normas e leis, e sim com o planejamento futuro de uma entidade. A contabilidade de custos está dentro da contabilidade gerencial, sendo um dos aspectos principais em relação aos quais a contabilidade gerencial se preocupa. Pode-se afirmar que a contabilidade de custos está dentro da contabilidade gerencial e a contabilidade financeira, também chamada *contabilidade geral*, tem uso distinto da contabilidade gerencial, pois não traz tantas informações úteis para a tomada de decisões como o faz a contabilidade gerencial e todas as suas vertentes.

2. **Por que as terminologias aplicadas a custos são tão distintas daquelas utilizadas pelas pessoas em sua vida normal?**

Como o uso das informações pela contabilidade de custos é muito específico, não há necessidade de relação deles com os mesmos termos que utilizamos em nossa vida cotidiana. O uso específico das informações financeiras, filtradas em gerências e utilizadas na contabilidade de custos, faz com que o conceito seja praticamente exclusivo para a contabilidade de custos. Na contabilidade geral, alguns são completamente distintos, como o de investimento.

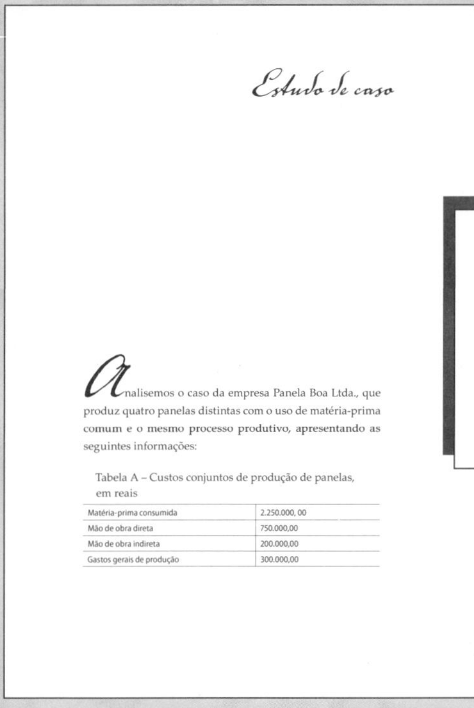

Estudo de caso

Analisemos o caso da empresa Panela Boa Ltda., que produz quatro panelas distintas com o uso de matéria-prima comum e o mesmo processo produtivo, apresentando as seguintes informações:

Tabela A – Custos conjuntos de produção de panelas, em reais

Matéria-prima consumida	2.250.000, 00
Mão de obra direta	750.000,00
Mão de obra indireta	200.000,00
Gastos gerais de produção	300.000,00

Estudo de caso

Esta seção traz ao seu conhecimento situações que vão aproximar os conteúdos estudados de sua prática profissional.

1

Conceitos fundamentais da contabilidade de custos

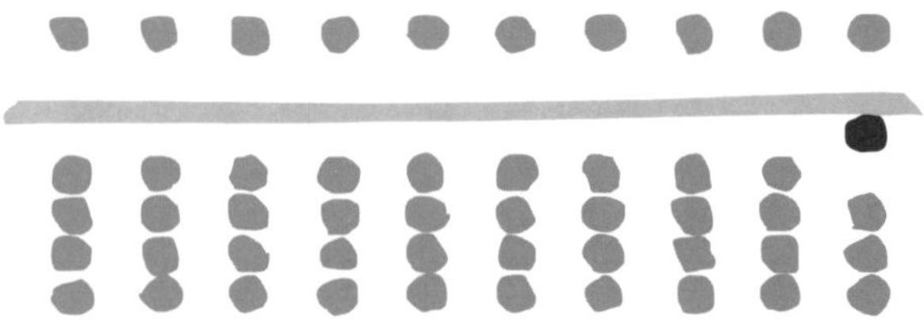

Conteúdos do capítulo:

- Conceitos fundamentais da contabilidade de custos.
- Contabilidade de custos, financeira e gerencial.
- Terminologia aplicada à contabilidade de custos.
- Princípios contábeis aplicados a custos.
- Esquema básico da contabilidade de custos.

Após o estudo deste capítulo, você será capaz de:

1. identificar as diferenças entre a contabilidade de custos, a financeira e a gerencial;
2. compreender a terminologia aplicada à contabilidade de custos;
3. entender os princípios contábeis aplicados a custos;
4. analisar o esquema básico da contabilidade de custos.

A contabilidade financeira e a contabilidade gerencial são vertentes complementares da contabilidade. Uma está mais preocupada com as obrigações; a outra, com os planos de curto e longo prazos. Dentro da contabilidade gerencial está a contabilidade de custos, que tem grande importância no processo de produção e planejamento produtivo.

Pelo seu uso restrito e quase exclusivo, alguns termos desse ramo contábil são tratados de maneira diferenciada quando comparamos os usos dos vocábulos da contabilidade financeira. Não se trata de impropriedade conceitual, mas apenas uma especificidade de uso.

Por fim, os princípios de contabilidade, recentemente revogados, não têm mais existência formal. No entanto, tais bases continuam influenciando as operações das entidades, pois o processo de harmonização contábil existente há mais de uma década no Brasil está em pleno desenvolvimento, sendo essa decisão parte das adaptações necessárias.

1.1 Contabilidade de custos: financeira e gerencial

É muito comum que as pessoas façam confusão entre os conceitos de contabilidade de custos e, principalmente, contabilidade gerencial. Ambos são complementares entre si, mas ainda existe o conceito de contabilidade financeira, que é mais amplo e acaba por abarcar os dois primeiros conceitos citados neste parágrafo.

Vamos começar esta seção distinguindo as três definições de forma a esclarecê-las. No entanto, precisamos primeiramente entender um pouco da história para assimilar esses conceitos de maneira satisfatória. Vamos lá!

No início do século XVIII, época em que ocorreu a Revolução Industrial, que alterou de maneira substancial os processos produtivos e as atividades empresariais, tudo girava em torno da contabilidade financeira, surgida como consequência da era mercantilista e, até certo ponto, funcionando como suporte satisfatório para as empresas existentes à época.

A indústria surgiu e, com o desenvolvimento de atividade dessa natureza, os níveis de complexidade para avaliar não somente a produção e os estoques, mas todas as tarefas decorrentes, demonstraram ser extremamente elevados. A produção passou a incorporar uma quantidade maior de fatores, hoje conhecidos como *insumos* ou *matérias-primas*. Os gestores da época, pouco familiarizados com processos produtivos mais complexos, iniciaram a contabilidade de custos instintivamente, mas sem qualquer viés gerencial. Ela era utilizada apenas como um instrumento prático e simplificado para aplicar a correta avaliação monetária dos produtos fabricados e armazenados aos problemas que surgiram.

Essa situação se manteve durante alguns séculos, mesmo com os processos produtivos se tornando mais imbricados e com as necessidades de uso gerencial de informação financeira até a segunda metade do século XX. Nesse período, a contabilidade de custos passou a ser utilizada como uma ferramenta gerencial das empresas, sendo empregada para o planejamento das operações, para o atendimento a obrigações tributárias e normativas e para o controle dos gastos realizados na produção, além de passar a figurar de maneira mais constante nas reuniões dos gestores em busca de decisões futuras para os negócios.

Como consequência, a contabilidade de custos aumentou seu leque de possibilidades em termos de benefícios às atividades empresariais. Ela possibilitou, por exemplo, a apuração do custo dos produtos vendidos para as indústrias, das mercadorias vendidas para as empresas comerciais e dos serviços realizados para as prestadoras de serviços. Também passou a ser largamente utilizada na definição dos orçamentos empresariais, pois, com padrões estabelecidos na produção, os recursos financeiros começaram a ser mais efetivamente controlados.

Como consequência do padrão definido, passou-se a comparar o que era gasto com o que era previsto, evento que introduziu o controle produtivo. A identificação mais simples e precisa dos custos produtivos possibilitou uma melhor precificação dos itens a serem vendidos, processo que deixou de ter como base apenas os preços praticados pela concorrência. A lucratividade de cada produto ou serviço comercializado passou a ser medida e planejada com maior exatidão, assim como a busca contínua pela redução dos custos com a possibilidade de definição do ponto de equilíbrio, que é quando se chega ao ponto em que as operações não geram lucro nem prejuízo.

Já vimos pontos sobre a contabilidade financeira, que é a mais genérica e ampla, e sobre a contabilidade de custos. E quanto à contabilidade gerencial, o que podemos falar sobre ela? Onde a localizamos em meio a tantos conceitos distintos?

Se analisarmos com um pouco mais de profundidade, a expressão *uso gerencial* trata da própria contabilidade gerencial.

Podemos afirmar, sim, que a contabilidade gerencial é mais ampla do que a contabilidade de custos e menos ampla do que a contabilidade financeira. Mas como isso se aplica? Vamos ver de maneira exemplificada.

Uma indústria qualquer tem a intenção de melhorar seus processos produtivos e, para isso, busca novas formas de produção e outros controles operacionais. Mas que fatores devem ser considerados?

Primeiro, **nenhuma operação pode ser realizada ou implementada sem cumprir totalmente os ditames legais vigentes**. Quando essa indústria estiver buscando formas de cumprir a legislação e as normas contábeis, a contabilidade financeira entra em cena, mais preocupada com o cumprimento de regras e com as obrigações que qualquer empresa possua.

Após se certificar de que todas as legislações e normas estão sendo completamente cumpridas, a segunda preocupação é com a produção, pois novas máquinas podem ser adquiridas, fornecedores novos podem ser consultados e uma gama de testes produtivos pode ser realizada para garantir a qualidade dos produtos fabricados e a posterior satisfação dos clientes. Pensando estritamente no processo produtivo e em todas as suas variáveis, estamos tratando da contabilidade de custos. Ela está ligada ao processo produtivo e a um plano de melhoria contínua de atividades.

Nenhuma empresa pode deixar de se preocupar em pagar seus fornecedores, cobrar seus devedores, realizar a manutenção de seus sistemas internos, melhorar os controles internos e fazer com que as operações como um todo melhorem. Essas demandas envolve os investimentos não apenas no maquinário, mas também no treinamento do pessoal que operará as máquinas, nas pessoas que gerenciarão as compras de insumos e nas que cobrarão os clientes e realizarão as atividades burocráticas, por exemplo. E é neste ponto que estamos nos referindo à contabilidade gerencial, preocupada com toda a empresa e não apenas com a parte produtiva, como faz a contabilidade de custos.

A contabilidade gerencial está preocupada com o todo da organização, mesmo com aquelas tarefas que não têm qualquer ligação com sua atividade-fim. Concluímos, então, que a contabilidade financeira é mais genérica, a contabilidade gerencial se preocupa com a melhoria dos processos e a contabilidade de custos dedica-se à melhoria contínua dos processos produtivos.

Perguntas & respostas

Por que se diz que a contabilidade financeira serve apenas para cumprir regras e a contabilidade gerencial se preocupa mais com as estratégias de uma entidade?

Porque a contabilidade financeira conta com algumas formalidades estruturais e normativas, ao contrário da contabilidade gerencial, que não dispõe desses elementos de maneira clara.

A contabilidade financeira existe para o cumprimento de regras, mas não se limita a isso. As demonstrações contábeis, por exemplo, são elaboradas de acordo com os preceitos da contabilidade financeira. Já a contabilidade gerencial caminha mais alinhada com as estratégias empresariais, pois não é tão regrada quanto a financeira. Muitas das informações geradas pela contabilidade gerencial, aliás, sequer precisam ser divulgadas para o governo.

Hierarquicamente, a contabilidade de custos faz parte da contabilidade gerencial, e esta última integra as preocupações da contabilidade financeira. Graficamente, podemos verificar isso na figura a seguir.

Figura 1.1 – Atividades desempenhadas em termos gerenciais

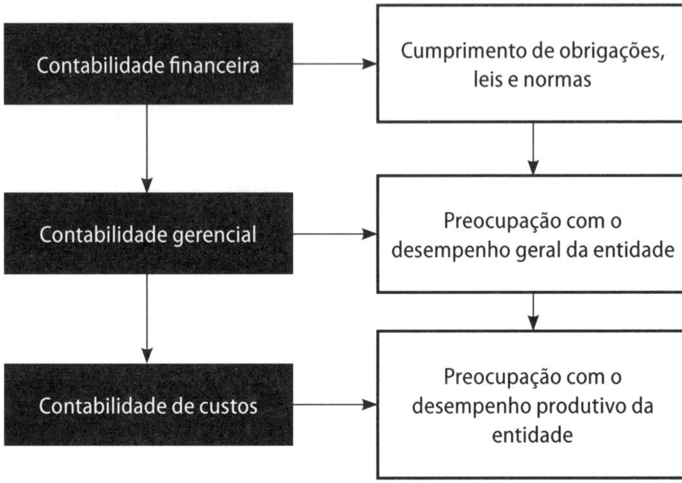

É fácil identificarmos, ao analisar a Figura 1.1, que há um direcionamento maior às operações da contabilidade de custos, que é ampliado na contabilidade gerencial, o que também ocorrendo na contabilidade financeira, focada no geral em termos de atividade empresarial.

1.2 Terminologia aplicada à contabilidade de custos

Algumas terminologias utilizadas na contabilidade de custos são tão específicas que podem confundir você quando do início de uma análise, pois podem ser utilizadas rotineiramente durante nossas vidas cotidianas. No entanto, no contexto da contabilidade de custos, podem assumir significados completamente diferentes do que imaginamos. Os termos que vamos analisar nesta obra são *gastos, desembolsos, custos, despesas, investimentos, perdas* e *desperdícios* (Crepaldi; Crepaldi, 2018).

1.2.1 Gastos

Os gastos são sacrifícios financeiros realizados pelas entidades com o intuito de obter um produto ou um serviço que será utilizado diretamente na produção de outros itens ou serviços, sempre com o objetivo de gerar receita.

Os gastos podem ser caracterizados, na prática, por entrega ou promessa de entrega de ativos, quase sempre recursos financeiros. Os gastos são formalmente considerados quando é reconhecida a obrigação como passivo ou é reduzido um ativo decorrente do pagamento realizado.

São os mais genéricos termos que veremos nesta seção, pois os gastos podem ser custos, despesas, investimentos, perdas e desperdícios, não podendo ser apenas o desembolso, conforme veremos mais adiante.

> Vamos exemplificar um gasto: quando uma empresa compra um lote de mercadorias para revenda ou um conjunto de insumos produtivos, o gasto se realiza no momento da compra, mesmo que não seja por pagamento à vista. Se a compra é formalizada e o pagamento já é prometido, não há dúvida: ocorreu o gasto (Viceconti; Neves, 2018).

1.2.2 Desembolsos

O desembolso é representado pelo pagamento propriamente dito. É por isso que, quando ocorre um desembolso, não ocorre necessariamente um gasto. Como vimos, nem sempre que ocorre um gasto ocorre um desembolso.

Vejamos outro exemplo para uma melhor compreensão da diferença entre gasto e desembolso. Imaginemos uma empresa que compra apenas à vista. Quando realiza um gasto, ou seja, uma compra qualquer, a organização sempre pagará no ato da compra. Nesse caso, ocorre o gasto de maneira concomitante com o desembolso, pois o pagamento é imediato.

E se a compra realizada pela empresa for a prazo? Ainda assim ocorrerá o gasto, mas não o desembolso imediato, pois foi apenas formalizada a promessa de entrega de ativos em momento futuro, condição para a geração do gasto, mas não do desembolso.

No momento futuro, quando chegar a data para a quitação da obrigação, é realizado apenas o desembolso, e não o gasto. Podemos fazer uma analogia com nossa vida pessoal em uma situação muito comum: a compra via cartão de crédito. Quando compramos com o cartão de crédito, estamos realizando gastos, pois há promessa de pagamento futuro e aquisição imediata de itens. No momento em que a fatura chega e é paga, há apenas o desembolso. Portanto, as compras no cartão de crédito geram gastos e desembolsos em momentos distintos, estes últimos sempre ocorrendo em momento futuro.

E quanto às operações com cartão de débito? Nesse caso, a situação é distinta, pois quando se adquire algo por meio do cartão de débito, o recurso financeiro é imediatamente retirado de nossa conta-corrente com a autorização que damos, que é a nossa senha. Dessa forma, é como se pagássemos com dinheiro vivo, sendo realizado o gasto e o desembolso no mesmo momento.

Com as empresas, a situação é idêntica, só que, em vez de cartões de débito ou crédito, são utilizadas faturas, duplicatas ou cheques.

1.2.3 Custos

Os custos são gastos direcionados à aquisição de bens ou serviços que serão utilizados na produção de outros bens ou serviços. Eles permanecem classificados como ativos até o momento em que ocorre a produção, que é a elaboração de produtos no caso de uma fábrica.

> Todos os gastos realizados e ligados diretamente à atividade-fim de uma entidade são classificados como *custos*, podendo ser contabilizados de maneira distinta, pois podem ser custos diretos, indiretos, fixos ou variáveis, dependendo da estrutura da empresa analisada e do processo produtivo realizado.

Mesmo uma empresa comercial incorre em custos, mais direcionados à aquisição de mercadorias para revenda, como em uma empresa prestadora de serviços. Esses custos estão relacionados ao serviço que é disponibilizado aos clientes e consumidores.

1.2.4 Despesas

De maneira distinta, os gastos classificados como *despesas*, de acordo com a terminologia de custos, não guardam ligação com a atividade principal de uma entidade. No entanto, são valores gastos por uma entidade e podem ser facilmente confundidos com os custos. Vamos ver como evitar isso?

> Pensemos nos gastos realizados por uma entidade para manter máquinas de tirar cópias xerográficas. Normalmente, elas ficam nos setores administrativo, de contas a pagar e a receber, de recursos humanos e de *marketing*. De qualquer forma, facilmente conseguimos identificar que não há qualquer ligação dessa máquina de tirar cópias com a atividade principal de uma fábrica, não importa qual seja a atividade que ela exerça. Dessa maneira, os gastos devem ser classificados corretamente como despesas e não como custos.

Por outro lado, esse mesmo gasto, se for realizado em outra empresa, pode ser considerado custo. Como isso é possível? Passemos do exemplo de uma empresa fabril, para o de uma prestadora de serviços. Se você já precisou tirar cópia de um documento, o mais usual é que você tenha procurado os serviços de uma gráfica ou de uma empresa desse gênero. Se analisarmos a atividade principal dessas organizações prestadoras de serviço, o que elas fazem é literalmente viver das cópias que os clientes tiram. Portanto, tudo o que se gasta com as máquinas de tirar cópias, seja em manutenção, energia elétrica, *toner*, cartuchos de tinta etc., será classificado como *custo*, em vez de *despesa*.

Perguntas & respostas

Qual é a melhor forma de diferenciar as ocorrências de gastos entre despesas e custos em uma entidade?

Identificando as atividades principais e as de suporte. O ideal é que se conheça a atividade principal e as atividades que dão suporte a essa atividade. Tudo o que tiver ligação direta com a razão de ser de uma entidade deve ser classificado com *custo*. Do contrário, será *despesa*.

Isso nos leva a pensar que não existe, de fato, uma regra geral para a classificação dos gastos realizados por uma entidade, pois tudo dependerá da atividade principal da entidade. Um mesmo gasto realizado por uma organização pode ser corretamente classificado como *despesa*, mas por outra empresa deverá ser classificado como *custo*. Essa classificação é crucial para a definição do custo correto dos produtos e serviços prestados e a determinação dos preços a serem praticados aos consumidores finais.

Tanto os custos como as despesas podem ser classificados como *fixos* ou *variáveis*, não em relação aos valores em si, mas à frequência de ocorrência dos gastos (Ribeiro, 2017). Por exemplo: o valor da conta de telefone de uma empresa dificilmente se repetirá em mais de um mês, pois o consumo varia de acordo com as necessidades de cada entidade. Em um mês pode ter um valor mais elevado, diminuir no outro mês e assim por diante. No entanto, eles devem ser classificados como *gastos fixos*, pois sempre ocorrerão, já que a empresa firmou um contrato de consumo mensal com a outra parte, que é uma empresa de telecomunicações.

O mesmo raciocínio pode ser utilizado com seguros, mão de obra dos funcionários, gastos com condomínio, energia elétrica, água etc. A periodicidade de ocorrência os definirá como *fixos* ou *variáveis*. Gastos com publicidade, se forem apenas eventuais, devem ser classificados como *variáveis*, pois não têm periodicidade definida para ocorrência. Entretanto, se a entidade firmar um acordo com uma agência de publicidade com valores variáveis, mas que ocorram todos os meses, esses mesmos gastos devem ser classificados como *fixos* por causa de sua periodicidade definida.

1.2.5 Investimentos

Outro item que confunde o responsável pela classificação dos gastos são os *investimentos*. Quando ouvimos essa palavra, qual é a primeira coisa que vem à mente? Poupança, Tesouro Direto, Bolsa de Valores etc. Entretanto, devemos saber que, na contabilidade de custos, investimentos não têm nada a ver com esses termos (Martins, 2010).

Quando se diz que uma empresa realizará um investimento, fala-se exclusivamente de "ativar itens", ou seja, transformá-los em ativos. Para que não haja confusão, a palavra-chave que sempre deve ser associada ao investimento é *aquisição*.

Por exemplo: uma empresa que trabalha no setor de alimentos fabrica, entre outros itens, produtos de chocolate. Como a demanda durante as semanas que antecedem a Páscoa é muito grande, os gestores já sabem que devem aumentar os estoques de insumos para a produção, normalmente elevando os níveis ainda no ano anterior para suprir a demanda que surgirá. Com uma boa quantidade de insumos, será possível produzir o suficiente, não deixando estoque de produtos sobrando nem insumos sem uso.

No momento da aquisição, o que ocorreu foi o gasto na aquisição desses insumos. Neste caso, não importa se a aquisição foi à vista ou a prazo. O fato é que houve a aquisição, ou seja, o gasto está incorrido. Concomitantemente ao gasto, também está ocorrendo o investimento, pois os insumos, em um primeiro momento, figurarão como parte do ativo dessa fábrica para, na sequência, serem utilizados na produção.

Podemos, então, deduzir que os insumos para a produção de chocolate, além de gastos, também são investimentos, pois inicialmente comporão os estoques de matérias-primas. Se forem adquiridos à vista, também serão desembolsos; se forem adquiridos a prazo, só serão desembolsos no momento do pagamento. Já começamos a estabelecer a ligação entre os termos na contabilidade de custos, o que facilitará na sequência do conteúdo, em momentos em que esses conhecimentos serão cruciais.

Só que a terminologia aplicada à contabilidade de custos ainda não terminou, faltando dois conceitos distintos, que são perdas e desperdícios. Os dois foram deixados para o final, pois de certa forma estão relacionados entre si. Vamos começar analisando o conceito de perda.

1.2.6 Perdas

A perda ocorre de maneira involuntária, sem o poder de gerência da entidade que a sofre. Podemos afirmar que a perda ocorre durante um processo produtivo e, para isso, é necessário que algum recurso tenha sido gasto sem a vontade dos gestores de produção. As perdas também podem ocorrer fora do processo produtivo, novamente sem poder receber qualquer influência dos gestores.

> Em relação ao processo produtivo, podemos imaginar a seguinte situação: uma fábrica de portas e janelas, na produção normal, fabrica painéis de vidro de tamanhos distintos, de acordo com os produtos que são finalizados. Há painéis maiores e menores – estes integram as janelas, enquanto aqueles fazem parte das portas. Durante o encaixe, uma máquina não realizou o procedimento da maneira esperada e, no momento de transferir uma janela para o acabamento final, o vidro se desprendeu, caindo no chão e quebrando, sem possibilidade de ser aproveitado em qualquer outra etapa do processo produtivo.

Isso é um exemplo de perda no processo produtivo, quando a entidade não tem como fazer nada para evitar que o recurso seja consumido e este não terá possibilidade de gerar qualquer benefício presente ou futuro. No entanto, há perdas que não estão associadas ao processo produtivo, conforme veremos a seguir.

Essa mesma empresa pode, durante o fim de semana em que ocorreu um vendaval, por exemplo, sofrer um curto-circuito em suas instalações administrativas e ser acometida por um incêndio. Tudo o que o fogo destruir será considerado perda, pois também não terá mais possibilidade de gerar receitas presentes ou futuras nem ajudar indiretamente na geração delas.

Entretanto, um ponto deve ser destacado: se a organização tiver seguro contra incêndio que gere um reembolso futuro, a perda não ocorrerá de fato, pois ela será reembolsada pela empresa seguradora. Então a fábrica deve se preocupar com esse fato para não classificar a ocorrência de maneira equivocada.

De maneira distinta, as greves dos funcionários são sempre consideradas perdas (Martins, 2010). Mesmo que sejam funcionários produtivos, não poderão ser classificadas como *custos*, pois os produtos não devem absorver gastos de um tempo que os funcionários não estavam desempenhando suas funções operacionais e não estavam sob o controle direto da entidade que os contratou.

1.2.7 Desperdício

O desperdício é um conceito relativamente novo, pois tem caráter predominantemente gerencial.

Exemplos de desperdício de recursos são relatórios sem utilidade, cuja confecção consome tempo do pessoal e não traz qualquer benefício para a entidade. Cargos sem a devida utilidade, como supervisores desnecessários e alguns cargos intermediários, normalmente podem ser descartados. O último exemplo de desperdício é o retrabalho realizado para corrigir defeitos de fabricação, pois recursos adicionais e tempo serão necessários para realizar o trabalho que era previsto para ser feito durante o processo produtivo original.

Esse problema denota falta de profissionalismo da gestão, que, nesse caso não consegue gerenciar os processos de maneira independente no contexto organizacional, gastando mais recursos que o inicialmente previsto.

Podemos perceber que são várias as terminologias utilizadas, bem como são muitos os conceitos utilizados na contabilidade financeira. Por isso o contato com esses conceitos logo no início de nossa jornada pelo conhecimento da contabilidade de custos.

1.3 Princípios contábeis aplicados a custos

Antes de começarmos a verificar os princípios contábeis aplicados a custos, é importante nos atualizarmos em relação à legislação vigente, pois é um assunto que ainda hoje gera dúvidas em estudantes e profissionais, mesmo depois de já passado certo tempo da mudança legal.

A Resolução n. 750/1993 do CFC estabelecia legalmente os princípios de contabilidade, sendo atualizada pela Resolução n. 1.282/2010. No entanto, no fim de 2016, entrou em vigor a Norma Brasileira de Contabilidade Aplicada ao Setor Público (NBC TSP) – Estrutura Conceitual e, entre vários assuntos abordados, um deles foi a revogação da Resolução n. 750/1993 e, consequentemente, de todas as suas alterações posteriores. Isso significa que os princípios de contabilidade não estão mais valendo? Não há mais esse regramento específico?

Embora formalmente os princípios tenham deixado de estar em vigor por terem sido revogados, há uma normatização específica, que é o Pronunciamento CPC 00, o qual trata da estrutura conceitual para elaboração e divulgação de relatórios contábil-financeiros. E os princípios contábeis, na prática, não deixaram de existir. Eles são a entidade, a continuidade, o registro pelo valor original, a oportunidade, a prudência e a competência, e não deixaram de influenciar diretamente a contabilidade em todas as suas nuances; no entanto, agora essa influência é apenas indireta. Por que isso ocorre?

Desde meados de 2000, mais especificamente com a entrada em vigor da Lei n. 11.638, de 28 de dezembro de 2007, o Brasil está passando por um processo de harmonização das normas contábeis às normas internacionais de contabilidade. Entre várias normas que entraram em vigor e foram atualizadas, uma delas é a que trata dos princípios de contabilidade como regras formais. Em diversos países, os princípios são considerados de maneira indireta, tal qual faz o CPC 00. Em termos práticos, eles não deixaram de existir, apenas tiveram o *status* reduzido de normas para práticas do dia a dia, mas continuarão como guias para os profissionais da contabilidade.

Agora que já sabemos o que os princípios de contabilidade eram e o que são na atualidade, vamos começar a verificar a influência que eles exercem na contabilidade de custos.

O primeiro é o princípio da **entidade**. Ele define que o patrimônio de uma entidade não pode ser confundido com o patrimônio dos sócios ou proprietários. Para efeitos de custos, se você adquirir matéria-prima para sua empresa, ela deverá ser considerada dentro da estrutura dela, o mesmo devendo acontecer com qualquer item que você adquira em sua vida pessoal, que não deve se misturar aos estoques da entidade.

O segundo é o princípio da **continuidade**. Também é relativamente simples: quando um negócio é iniciado, ele não tem a intenção de ser finalizado em alguns anos. Ele é criado para ser perene e permanecer em operação de maneira constante, de forma que qualquer item produtivo não tem inicialmente a intenção de liquidação.

As empresas, para se manterem no mercado, muitas vezes chegam a vender alguns produtos por valores abaixo do que gastaram para produzi-los, mas o fato é que essas iniciativas são planejadas. Todos os custos normalmente já foram cobertos pelas comercializações iniciais, que ficam abaixo do custo apenas para gerar receita adicional e garantir a continuidade operacional.

O terceiro princípio a ser analisado é o do **registro pelo valor original**. Ele estabelece, por exemplo, que se você adquirir um computador ou qualquer outro ativo para uma empresa, o valor que deve sempre ficar registrado na contabilidade é o de aquisição. Mesmo que ele se valorize por qualquer fator externo ou tenha o registro da depreciação, que faz o valor contábil líquido ser reduzido, o que permanecerá na conta original é o valor do custo de aquisição, que só deverá sofrer qualquer alteração decorrente de benfeitoria ou de baixa do referido ativo.

O quarto princípio é o da *oportunidade*. Esse talvez seja o que menos tenha ligação com a contabilidade de custos, pois está mais ligado à parte operacional e de controles. Ele define que um registro deve ser realizado no primeiro momento em que uma pessoa tenha a oportunidade de fazê-lo, sendo tempestivo e fiel à documentação correspondente.

O penúltimo princípio é o da *prudência*, já tendo ligação direta com a contabilidade de custos. Pense em um caso em que você compra um ativo e, depois de alguns meses, recebe a notícia de que ele perdeu valor. Seja por obsolescência, seja por desgaste natural ou qualquer outra razão, se houver duas ou mais referências de valores para a correta avaliação de um ativo qualquer, o que deve ocorrer é o ajuste contábil até que o patrimônio sempre apresente o menor valor. Mas por que isso?

É simples! Vamos pensar em nossa vida pessoal. Imagine que seu salário depende da quantidade de vendas que você realiza. O que é mais prudente? Considerar que você irá ganhar um salário muito alto decorrente de muitas vendas ou um salário mais baixo, que é o que normalmente se recebe no decorrer de um ano? É muito mais simples contar com menores valores a receber e com maiores valores a pagar. Dessa forma, se houver mais salário ou menos contas a pagar, será muito mais simples gerenciar a sobra de recursos do que a falta deles.

> Você já pensou na situação de realizar a compra de uma televisão que custa R$ 1,5 mil, contando com um salário de R$ 2 mil e, após comprá-la, descobrir que receberá apenas R$ 1 mil de salário naquele mês? Se você tivesse optado pela televisão mais barata, de R$ 900, conseguiria pagar à vista e ainda sobrariam R$ 100. Isso é prudência, ou seja, contar com recebimentos menores e gastos mais altos.

Por fim, o último princípio é o da *competência*. Ele está ligado ao regime contábil da competência e preconiza que, quando da definição das receitas e despesas, deve-se levar em consideração o fato gerador, e não o mero recebimento ou pagamento, respectivamente.

Vejamos a seguinte situação: você assina um seguro de carro, que pode ser tanto para você como destinado para um veículo da empresa em que você trabalha. No momento da assinatura do contrato, você opta pelo menor valor, que é o pagamento à vista.

Logo após a realização do pagamento, o seguro entra em vigor, valendo por um ano a cobertura ao veículo. Você realiza o pagamento integral, mas a empresa seguradora ainda não prestou o serviço de maneira integral, pois ela apenas o fará no decorrer dos próximos 365 dias, que é o tempo em que a apólice permanecerá vigente.

O fato gerador, nesse caso, é a empresa seguradora prestar o serviço durante todo o ano. Isso significa que, nos próximos 365 dias, não importando qual dia seja, a seguradora deverá cobrir qualquer serviço que você solicitar (se estiver coberto pela apólice), seja roubo, furto, incêndio ou alguma manutenção preventiva ou corretiva no veículo. A empresa deverá fazer isso mesmo sem receber nada de maneira adicional, pois o pagamento inicial já confere o direito de utilização dos serviços pelos próximos 365 dias.

Perguntas & respostas

Os princípios de contabilidade deixaram de existir? Em outras palavras, eles não influenciam mais nas operações contábeis dentro das entidades?

Formalmente, eles não existem mais, porém continuam influenciando nas operações rotineiras. A resolução que os estabelecia foi revogada, mas eles continuam sendo ativos no que concerne às influências dentro das operações realizadas pelas entidades.

1.4 Esquema básico da contabilidade de custos

Voltando nossas atenções para a terminologia aplicada especificamente a custos, o foco principal é definir a diferença entre custos e despesas.

Três são os passos que devem ser seguidos para que o esquema básico da contabilidade de custos seja alcançado

1. separação entre custos e despesas;
2. apropriação dos custos diretos;
3. apropriação dos custos indiretos de fabricação, também chamada *rateio*.

Começando a análise pelo primeiro ponto, como já sabemos, os gastos ocorridos durante o processo fabril, sendo consideradas todas as etapas da transformação dos insumos em produtos acabados. Já as despesas correspondem a gastos que muitas vezes têm a mesma natureza dos custos, mas não estão diretamente ligados ao processo fabril.

Pode parecer simples identificar a relação existente entre o processo fabril e algo marginal a ele, mas não é tão fácil quanto parece. Cada empresa conta com uma estrutura produtiva única e, mesmo exercendo atividades semelhantes, há casos de duas empresas que apresentam gastos idênticos, mas classificados de maneira distinta.

Por isso, é importante que se compreenda internamente como é realizado o processo produtivo. Só com esse conhecimento é possível identificar corretamente os valores classificados como *custos* ou *despesas*. Posteriormente, eles serão direcionados à formação do custo final dos produtos fabricados, servindo de base para a precificação aos consumidores finais, junto a outros fatores internos e externos.

O segundo passo é a apropriação dos custos diretos aos produtos. Como o próprio nome já deixa claro, os custos diretos são aqueles facilmente identificáveis e associáveis aos produtos fabricados. Vamos exemplificar isso (Martins, 2010).

Em uma fábrica de móveis de madeira, é fácil identificar o que consiste em custo direto em um conjunto de cadeiras e mesa. As peças de madeira, assim como os parafusos, itens de acabamento e até a tinta e o verniz utilizados no acabamento são facilmente identificados e podem ser medidos com precisão, trazendo valores muito reais em termos de custos diretos.

São utilizados mapas produtivos, bem como são consultados sistemas de requisição de materiais para apurar o consumo de cada item produtivo. De maneira complementar, o controle de mão de obra não é tão visível quanto a quantidade de matéria-prima consumida nos produtos, mas também tem seu controle simplificado devido aos controles utilizados nas fábricas.

Os funcionários produtivos também são considerados custos diretos, sendo classificados como *mão de obra direta*, pois o tempo que eles passam no processo produtivo beneficiando os insumos até a obtenção dos produtos acabados é chamado *tempo produtivo*. Com o auxílio de mapas de horas trabalhadas e controles de linhas de produção, entre outras estratégias, é possível saber quanto tempo de mão de obra um conjunto de mesa e cadeiras consome dos funcionários produtivos.

Assim, chamamos *custo primário de um produto* os gastos realizados com a matéria-prima e com a mão de obra direta, ambos chamados *custos diretos*. No entanto os processos produtivos estão tão complexos nos últimos anos que há mais ocorrência de custos indiretos que diretos.

Antes de entrarmos no terceiro passo, que é a apropriação dos custos indiretos, vamos analisar a evolução do processo produtivo. Antigamente, a produção era realizada inicialmente por artesãos, pessoas muito qualificadas e que produziam apenas para os nobres. Eram feitas encomendas e, por meio delas, esses artesãos adquiriam insumos para a produção de um vaso de barro, por exemplo.

No entanto, maquinários não eram utilizados e todos os itens eram praticamente únicos, aumentando o valor agregado, mas deixando o consumo restrito a uma pequena camada da sociedade. Os recursos utilizados eram, em grande parte, matéria-prima, mão de obra e pouquíssimos materiais complementares, como espátulas, moldes e fornos.

Essa situação permaneceu até a Revolução Industrial, iniciada no século XVIII, a qual mudou o processo produtivo, outrora artesanal. Com a implantação de mais maquinário, os artesãos passaram a receber salários em vez de recompensas, e o processo produtivo ficou muito mais automatizado e menos exclusivo, dando acesso a mais pessoas aos itens produzidos (Crepaldi; Crepaldi, 2018). Dessa forma, os custos com o maquinário, que antes eram reduzidos, passaram a se elevar rapidamente, e os custos de mão de obra, que antes eram a maior parte dos fatores produtivos, diminuíram com a automatização dos processos.

E é aí que entra o terceiro passo, pois passou a ficar cada vez mais difícil associar os custos de uma máquina que produzia quatro ou cinco produtos distintos durante um mês. Como saber quanto do tempo dela foi consumido na produção de um ou de outro produto? E a análise será apenas pelo tempo desprendido ou pela quantidade de matéria-prima processada? Todos esses itens passaram a ser preocupação dos profissionais responsáveis pelos processos produtivos, chamados *supervisão de produção*. Na contabilidade de custos, esses gastos passaram a ser chamados *custos indiretos de fabricação* (CIF).

Perguntas & respostas

A divisão em custos e despesas tem uma dimensão maior do que simplesmente deixar os valores de acordo com as operações de uma entidade. Quais são esses outros objetivos?

Essa divisão provoca a correta avaliação dos estoques e, por consequência, a definição das margens de lucro de acordo com os preceitos vigentes.

Quando se dividem os gastos em *custos* e *despesas*, busca-se mais do que uma segregação normal de valores. Margens de lucro, custos operacionais, custos por departamento e até mesmo custos por hora podem ser medidos. As despesas, por sua vez, por não terem ligação com a atividade principal, são direcionadas automaticamente para o resultado do exercício quando são incorridas.

Portanto, além da identificação prévia como custos indiretos, é necessário definir a melhor forma de esses custos serem associados aos produtos finais. Vamos ver um exemplo atual para clarear nosso raciocínio?

Vamos imaginar uma indústria de laticínios que produza manteiga e queijo utilizando uma mesma máquina. A quantidade de leite que vai em cada item é fácil de ser identificada, mas quanto do gasto com a máquina será associado à manteiga e ao queijo? Além disso, há diversos tamanhos para ambos os produtos fabricados, o que dificulta ainda mais a correta associação dos valores. Portanto, deve ser apontado não somente o tempo que se gasta com cada item produzido, mas também a quantidade de insumos processados, no caso o leite.

Figura 1.2 – Esquema básico da contabilidade de custos

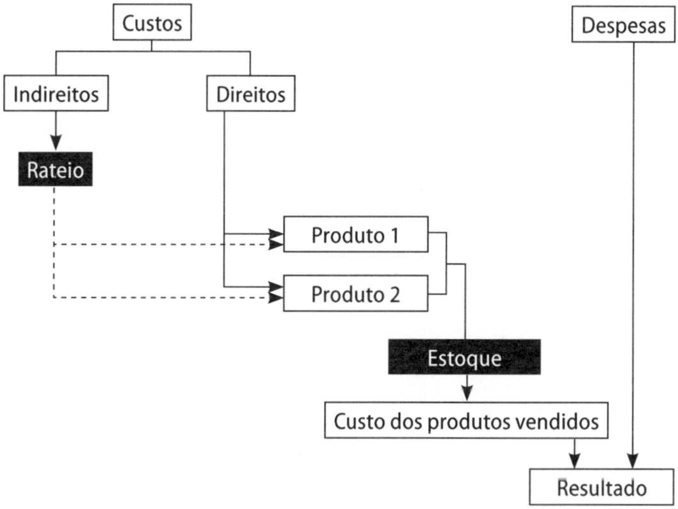

A Figura 1.2 mostra o esquema básico da contabilidade de custos, evidenciando a separação entre custos e despesas e, na sequência, fazendo a separação entre os custos indiretos e diretos até o resultado do período, momento em que se encontram com os valores classificados como despesas.

Exercícios resolvidos

1. **Em relação aos aspectos conceituais, como pode ser diferenciada a contabilidade financeira da contabilidade gerencial? Como a contabilidade de custos se configura em relação a esses conceitos?**

A contabilidade financeira é a vertente mais tradicional da contabilidade, utilizada pelas empresas para manter a conformidade legal, o cumprimento às normas e legislações e a conformidade tributária. Já a contabilidade gerencial é realizada em uma vertente mais interna para as empresas, gerando informações úteis para os gestores e potenciais investidores, caracterizados como usuários externos. A contabilidade gerencial não se preocupa tanto com o cumprimento de normas e leis, e sim com o planejamento futuro de uma entidade. A contabilidade de custos está dentro da contabilidade gerencial, sendo um dos aspectos principais em relação aos quais a contabilidade gerencial se preocupa. Pode-se afirmar que a contabilidade de custos está dentro da contabilidade gerencial e a contabilidade financeira, também chamada *contabilidade geral*, tem uso distinto da contabilidade gerencial, pois não traz tantas informações úteis para a tomada de decisões como o faz a contabilidade gerencial e todas as suas vertentes.

2. **Por que as terminologias aplicadas a custos são tão distintas daquelas utilizadas pelas pessoas em sua vida normal?**

Como o uso das informações pela contabilidade de custos é muito específico, não há necessidade de relação deles com os mesmos termos que utilizamos em nossa vida cotidiana. O uso específico das informações financeiras, filtradas em gerências e utilizadas na contabilidade de custos, faz com que o conceito seja praticamente exclusivo para a contabilidade de custos. Na contabilidade geral, alguns são completamente distintos, como o de investimento.

3. **Quando se diz que uma empresa está realizando investimentos, significa que ela está separando seus recursos sobrantes e buscando alternativas para obter receitas paralelamente à sua atividade principal. Considerando os conceitos estudados e a terminologia aplicada a custos, quando podemos dizer que uma empresa está realizando investimentos?**

Uma empresa realiza investimentos quando faz a compra de itens para compor seu patrimônio. Na contabilidade de custos, o investimento não gera juros diretos, como o faz em uma instituição bancária, por exemplo. O que ele faz é gerar benefícios presentes e futuros para a entidade, mas normalmente com a aplicação na atividade principal do negócio.

4. **Os custos e as despesas necessitam de análise específica para serem corretamente classificados. Que fator poderia fazer com que os gastos com o setor de contabilidade, por exemplo, pudessem ter característica diferente de despesas em uma entidade?**

Quando a atividade principal do negócio depender da mão de obra dos profissionais de contabilidade, como uma empresa que preste serviços contábeis ou uma empresa de auditoria. Como a classificação depende da atividade principal, é um equívoco achar que todas as entidades classificarão as operações da mesma maneira. Os serviços contábeis podem ser classificados de maneira distinta como *custos* ou *despesas*, por exemplo; em fábricas, os gastos também podem ser direcionados como *custos diretos ou indiretos*, de acordo com a estrutura e a forma com que eles são consumidos. A energia elétrica é um fator que pode ser despesa, pode ser custo direto e também pode ser custo indireto. Tudo vai depender de como ela é consumida e do objetivo do consumo.

2

Aspectos práticos da contabilidade de custos

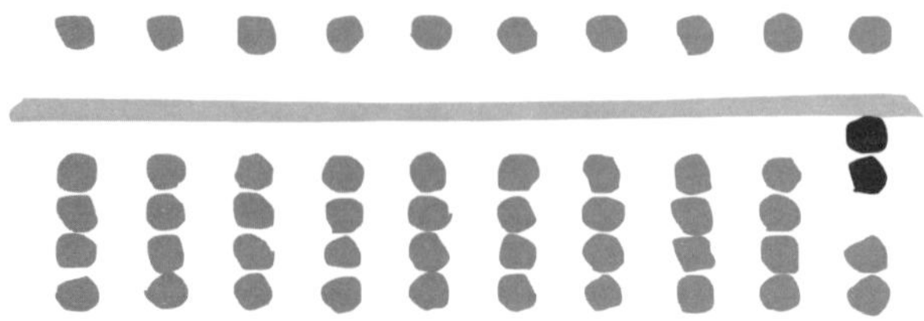

Conteúdos do capítulo:

- Aspectos práticos da contabilidade de custos.
- A contabilidade de custos ligada à contabilidade societária e fiscal.
- Impostos na aquisição de materiais.
- Critérios de avaliação dos materiais: o custo médio.
- Critérios de avaliação dos materiais: Peps (Fifo).
- Critérios de avaliação dos materiais: Ueps (Lifo).

Após o estudo deste capítulo, você será capaz de:

1. analisar a contabilidade de custos ligada à contabilidade societária e fiscal;
2. identificar os impostos na aquisição de materiais;
3. compreender os critérios de avaliação dos materiais: o custo médio;
4. compreender os critérios de avaliação dos materiais: Peps (Fifo);
5. compreender os critérios de avaliação dos materiais: Ueps (Lifo).

O controle de estoques é uma tarefa que deve ser realizada diuturnamente por parte das entidades. São recursos financeiros e intelectuais que devem ser destinados para essa tarefa, de importância ímpar, pois garantem que a atividade principal tem controle nas entradas e saídas das mercadorias ou produtos.

Há três critérios que são mais utilizados pelas empresas durante esse processo de controle: o custo médio, o Peps e o Ueps. Cada um à sua maneira, fornecem informações não apenas de caráter estratégico para identificar se o nível de estoque está muito alto ou se é necessário realizar mais aquisições.

Para efeitos tributários, no entanto, o governo não permite que todos sejam utilizados como base para o recolhimento dos tributos sobre os resultados, sendo esse fator justificado pela estrutura de nossa economia. Mas nada impede o uso gerencial desse conjunto de informações, mesmo que não sirvam como base para os tributos.

2.1 A contabilidade de custos ligada à contabilidade societária e fiscal

Dizer que a contabilidade de custos é uma área isolada da contabilidade é um grave equívoco, pois ela está ligada não somente à contabilidade gerencial, como uma de suas vertentes, mas também à contabilidade societária e à contabilidade fiscal, conforme veremos nesta seção.

A primeira ligação que veremos será a da contabilidade de custos com a contabilidade societária, que se faz por meio das demonstrações contábeis. Quando se produz, normalmente existe a preocupação com um bom produto, uma qualidade suficiente para atender às expectativas dos clientes e um nível baixo de perda de insumos, entre outros aspectos práticos da atividade produtiva.

Deve-se, porém, analisar o processo produtivo com mais cuidado, pois há pronunciamentos técnicos específicos que versam sobre os tratamentos contábeis que devem ser dados no que concerne aos detalhes sobre a produção. O que fazer com os itens perdidos, como proceder com os registros contábeis e o correto processo de mensuração dos itens são preocupações bem comuns.

A contabilidade de custos está ligada à contabilidade societária não apenas nas demonstrações contábeis, mas também nas notas explicativas. Como saber, por exemplo, como é feita a baixa dos itens produzidos e posteriormente vendidos por uma entidade? A intenção não é divulgar as estratégias produtivas, muito menos os detalhes em relação ao uso de insumos e maquinário, mas divulgar as formas como os estoques são retirados da estrutura de ativos da entidade.

Perguntas & respostas

As notas explicativas não fazem parte das demonstrações contábeis, mas são muito importantes na compreensão das informações por parte dos usuários internos e externos. Por que a elaboração desses documentos é obrigatória, tal como uma demonstração contábil normal?

Porque eles complementam as informações constantes nas demonstrações. Por ter elaboração com estrutura definida, as demonstrações contábeis não permitem explicações mais aprofundadas sobre alguns temas, sendo necessária informação adicional por meio das notas explicativas. Informações como o critério de controle dos estoques não aparecem nas demonstrações contábeis, mas são importantes ao ponto de serem imprescindíveis na estrutura das notas explicativas. O mesmo ocorre em relação ao detalhamento de fornecedores e clientes, também indicador da saúde financeira de uma empresa e da garantia dos recebimentos.

Há regramentos específicos que a legislação societária dispõe sobre como o procedimento de baixa deve ser realizado, assim como as perdas e os desperdícios decorrentes da produção normal de uma entidade qualquer (CPC, 2009).

Os desperdícios, por exemplo, devem ser tratados como despesas ou custos? As perdas controladas são tratadas como custos ou despesas? São perguntas como essas que as normas contábeis societárias elucidam e regulam e que todas as entidades devem seguir. De certa forma, podemos verificar claramente a ligação da contabilidade de custos com a contabilidade societária e com a contabilidade financeira, pois as informações que devem ser divulgadas serão mostradas a público depois de adequada sua forma e seu escopo, a fim de garantir a conformidade com as regras em vigor.

A consequência dessa necessidade de adequação foi a criação dos sistemas de acumulação de custos, que servem para garantir que tudo o que é produzido esteja registrado de acordo com as normas vigentes. Também é destacada a ligação da contabilidade, de forma mais ampla, com a tecnologia da informação.

Passando para os aspectos fiscais, há um diálogo constante entre a contabilidade de custos e os tributos incidentes no decorrer das etapas oficiais no Brasil. Como podemos ver isso claramente evidenciado? Para facilitar a compreensão, não vamos analisar uma empresa industrial, mas sim verificar o caso hipotético de uma empresa do setor comercial, que compra e revende mercadorias para os consumidores finais.

Pensemos da seguinte maneira: você é proprietário de uma loja que vende eletrodomésticos, mas que não fabrica nada. Como atividade principal, o que você faz é buscar bons e confiáveis fornecedores, além de procurar por um bom serviço de garantia. Você também seleciona boas marcas e trabalha somente com produtos de primeira qualidade, mas não os utiliza em sua empresa, apenas os exibe em seu espaço físico, vendendo-os na sequência.

Assim, fica muito fácil caracterizar o não uso por parte da empresa das mercadorias como consumidores, apenas como revendedores. Por essa razão, ela não pode ser tributada com o imposto, pois este tributa apenas quem é usuário final, que nesse caso é o consumidor, normalmente caracterizado pela pessoa física.

A contabilidade tem um papel importante aqui, uma vez que deve-se destacar os valores pagos aos fornecedores a título de imposto, como o ICMS, pois devem ser compensados na sequência no momento das vendas. Na prática, quem arca com o tributo é o consumidor final: a empresa comercial paga o imposto ao seu fornecedor, mas recupera os valores pagos no momento da venda, pois ela não é a consumidora final dos produtos que revende.

Nesse exemplo, não são considerados fatores adicionais que influenciam nos tributos, como a substituição tributária ou qualquer outro tipo de incentivo, o qual pode ser fornecido por um Estado ou pela própria União para incentivar a geração de empregos.

Outra situação em que a contabilidade de custos está conectada à contabilidade tributária é no momento da importação de produtos. Empresas comerciais, como essa revendedora de eletrodomésticos, mesmo que não produzam nada, deverão pagar imposto como se fabricassem o produto, pois a legislação tributária influencia no custo das mercadorias, deixando o custo dos produtos importados mais elevado.

Esse é um dos motivos pelos quais pagamos mais caro pelos produtos importados, pois além de pagar o IPI mesmo sem fabricar, as empresas importadoras necessitam pagar imposto de importação e toda a sorte de valores ligados à nacionalização dos produtos adquiridos de fornecedores no exterior (Viceconti; Neves, 2018).

2.2 Impostos na aquisição de materiais

Quando uma entidade adquire certa quantidade de insumos ou matérias-primas para a produção, a intenção principal é fazer o negócio andar com as próprias pernas. As grandes indústrias, por exemplo, utilizam-se da estrutura de maquinário e de pessoal produtivo para transformar o que foi adquirido em produtos com serventia não para a própria empresa, mas para os clientes de que ela dispõe.

Nesse sentido, não seria justo cobrar os impostos da aquisição de materiais e insumos das empresas industriais ou de qualquer outra que não fosse a cliente final dos produtos fabricados, mas também não seria viável retirar a obrigação da cobrança dos impostos por parte dos fornecedores dessas empresas, pois toda a estrutura tributária ficaria desequilibrada. Você conseguiu visualizar alguma solução para resolver esse problema?

A solução está em compensar o imposto pago nas operações de compra por essas fábricas no momento da venda, que é quando ela teria a obrigação tributária gerada, de forma a apenas fazê-la pagar impostos sobre o valor agregado que ela gerasse. Isso funciona não somente nas indústrias, mas também em empresas comerciais e, mais dificilmente, em empresas prestadoras de serviços, desde que tenham impostos idênticos afetando as atividades operacionais tanto no momento da aquisição dos insumos como no momento da venda.

Perguntas & respostas

Se uma empresa for comercial e adquirir um lote de mercadorias de uma fábrica, pagando IPI e ICMS na operação, ela poderá recuperar os valores dos impostos no momento dos ajustes das vendas? Por qual razão?

Poderá recuperar o ICMS, mas não poderá recuperar o IPI, pois as empresas comerciais normalmente não são contribuintes desse imposto, devendo os valores serem associados às mercadorias adquiridas como custo. A empresa que faz esse tipo de registro não é prejudicada, pois o valor do IPI permanece no custo e a consequência é que o lucro seja reduzido, diminuindo a incidência de impostos sobre a renda. Portanto, não há direito de recuperar o IPI, mas também não há valor de IPI a recolher no momento da venda.

Vamos imaginar uma empresa comercial que tenha adquirido R$ 1.000 em mercadorias para revenda. A empresa comercial foi utilizada para deixar o exemplo mais compreensível. Como o valor do ICMS já está dentro das mercadorias e especificado na nota fiscal de compra, arbitraremos uma alíquota de 15%, sendo R$ 150. Podemos afirmar, então, que as mercadorias custaram para a empresa R$ 1.000, sendo R$ 150 de impostos e R$ 850 relativos ao custo líquido da aquisição.

Passando para a contabilidade dessa empresa, duas contas de ativo são afetadas: a conta de estoques de mercadorias para revenda e a conta de impostos a recuperar, nos valores de R$ 850 e R$ 150, respectivamente. Agora seguiremos com a sequência das operações, que é quando a empresa consegue vender as mercadorias adquiridas.

Vamos, também, arbitrar um valor de venda de R$ 1.500 com incidência da mesma alíquota tributária, ou seja, 15%. Nesse caso, o imposto incidente sobre as vendas será de R$ 225, fazendo com que a empresa fique com um valor líquido de venda de R$ 1.275.

Como ela já havia pago o valor de R$ 150 no momento da aquisição das mercadorias, criando um direito, e possui uma obrigação com o mesmo imposto de R$ 225, procede-se o abatimento do valor pago antes da obrigação gerada. Assim, dos R$ 225 são deduzidos os R$ 150, ficando uma obrigação efetiva de R$ 75 relativos ao ICMS. Se calcularmos a diferença entre os valores de compra e venda das mercadorias, encontraremos o valor de R$ 500. Essa diferença entre compra e venda corresponde ao valor que a empresa conseguiu agregar aos produtos adquiridos, sendo ele efetivamente tributado. Aplicando-se o valor da alíquota de 15% aos R$ 500, encontramos o valor de R$ 75, que é exatamente o quanto deverá ser desembolsado para fins tributários.

Tabela 2.1 – Cálculo dos impostos sobre as operações, em reais

Operação	Valor bruto de compra	Imposto sobre as compras	Valor líquido de compra	Valor bruto de venda	Imposto sobre as vendas	Valor líquido de venda	Lucro bruto	Imposto efetivo
01	1.000,00	150,00	850,00	1.500,00	225,00	1.225,00	500,00	75,00
02	1.000,00	150,00	850,00	1.000,00	150,00	850,00	0	0

Portanto, podemos afirmar que uma empresa não é tributada sobre todas as operações que realiza, e sim sobre o valor agregado que gera (operação 01 da Tabela 2.1). Se ela vendesse pelo mesmo valor que adquiriu (operação 02), não geraria lucro nem prejuízo e também não geraria obrigação tributária de ICMS por não ter gerado qualquer valor agregado às mercadorias.

2.3 Critérios de avaliação dos materiais: o custo médio

As empresas que trabalham com estoques precisam gerenciar bem seus ativos. Isso é fundamental não somente para a estrutura operacional em si, mas também para que se atendam os critérios normativos e tributários. Como os estoques invariavelmente comporão os custos operacionais, deve-se dar atenção especial a eles para que nada tenha de ser refeito em tempo futuro ou que a empresa sofra qualquer tipo de sanção por descumprimento legal (Martins, 2010).

Há três formas mais difundidas e utilizadas para controle de estoque por parte das empresas: o custo médio, o Peps e o Ueps. Os dois últimos serão vistos mais adiante. Neste ponto do texto, nós veremos o critério do custo médio, que é o mais utilizado pelas empresas nacionais por apresentar maior praticidade e requerer menos tempo e estrutura disponível por parte das empresas para ser colocado em prática. Vamos analisar os detalhes dessa forma de controle de estoques.

As empresas não podem esperar seus estoques acabarem para adquirir mais mercadorias ou matéria-prima produtiva. É necessário que as compras e as vendas sejam realizadas de maneira constante, como parte do processo de gestão empresarial. Esse procedimento, além da necessidade do controle adicional para o pagamento das operações realizadas a prazo, requer o controle dos recebíveis e dos estoques físicos.

Quando os estoques não são perecíveis, como artigos de vestuário e itens de casa, como panelas e pratos, entre outros, a preocupação com um potencial vencimento dos estoques não é tão elevada, mas quando eles são perecíveis, como os alimentos, a necessidade de controle dos estoques é maior.

Fisicamente, não há diferença entre vender um artigo fabricado no mês passado ou um ano atrás, mas isso pode gerar problemas de saúde no caso dos produtos perecíveis.

O fato é que, se não houver perecibilidade dos estoques, o ideal é que se gaste o menor tempo e a menor quantidade de recursos físicos e intelectuais para seu controle e gerenciamento. E é aqui que o custo médio ganha em importância para as empresas.

Com o uso dessa forma de controle de estoques, a diferença no trato dos itens baixados do estoque será predominantemente contábil e não física. Como os valores médios são calculados, pouco importa se o produto que foi baixado foi adquirido há mais tempo ou mais próximo do tempo presente. No caso de produtos perecíveis, deve ser dada atenção adicional para não se dar baixa de produtos sempre mais novos, deixando os mais antigos chegarem ao ponto de ter o prazo de validade expirado (CPC, 2009).

O custo médio também apresenta uma vantagem competitiva se comparado com os outros critérios que veremos a seguir, principalmente com o Ueps, pois apenas o custo médio e o Peps são aceitos pela legislação tributária, mas o Peps necessita de controles adicionais se comparado com o custo médio.

O que ele faz é equalizar os custos de todos os produtos de igual natureza como se todos tivessem o mesmo custo de aquisição. Como isso é feito? Ponderando-se os custos de aquisição com as quantidades adquiridas de cada operação de compra. Isso significa que, se uma compra for de uma quantidade muito grande, a tendência é que o valor unitário leve a média para próximo do seu valor. Por exemplo: compras grandes com valores elevados tendem a deixar a média maior, enquanto compras grandes com valores menores tendem a deixar a média geral menor.

Tabela 2.2 – Controle das operações no custo médio

Operação	**Quantidade**	**Valor unitário (R$)**	**Valor total (R$)**
Saldo inicial	30	10,00	300,00
Compra	20	12,00	240,00
Cálculo do custo médio	50	10,80	540,00
Venda (baixa)	10	10,80	108,00
Compra	30	13,00	390,00
Cálculo do custo médio	70	11,74	822,00

Toda vez que se adquire uma nova quantidade de itens deve-se atualizar o valor da média. No momento de ser dada a baixa dos ativos vendidos, não há necessidade de fazer qualquer cálculo adicional.

Em relação aos tributos que incidem sobre as operações, não há preocupação adicional se compararmos os procedimentos do método do custo médio e os outros dois métodos que analisaremos na sequência. A principal preocupação reside no fato de que, nos registros contábeis, devem ser registrados somente os valores líquidos, ou seja, sem os impostos que serão eventualmente recuperados em operações futuras. Caso o imposto não seja recuperável, deverá estar no controle dos custos, mas se for recuperável, não.

Perguntas & respostas

No Brasil, qualquer empresa que realize o controle de seu inventário de maneira permanente pode utilizar tanto o critério do custo médio como o critério Peps. O que leva uma entidade a ter a preferência pelo custo médio em vez do Peps?

Embora ambos os critérios sejam permitidos, o critério do custo médio é muito mais prático do que o Peps em termos de controle, pois demanda menos tempo e menos recursos, tanto de pessoal como de tecnologia da informação, para mantê-lo confiável.

O que toda empresa quer é praticidade. E o critério do custo médio, em comparação com o Peps, é muito mais prático em termos de rotina. Apenas quando se ingressam novos itens no estoque é que a média é atualizada e não há preocupação adicional em saber se determinada camada foi adquirida antes ou depois. No caso de empresas que trabalham com produtos perecíveis, deve-se atentar à data de validade apenas para não serem comercializados produtos sem qualidade.

Pensando na oscilação dos preços médios de custos, o custo médio sempre ficará entre o Peps e o Ueps, dependendo da ponderação feita em relação às quantidades adquiridas em cada compra. Dessa maneira, é o critério mais utilizado pelas empresas por sua praticidade, pois é possível tomar estoques relativamente antigos junto a estoques adquiridos mais recentemente, o que facilita os controles, além de não demandar tantos controles em relação ao que entrou antes ou depois na estrutura dos estoques das empresas.

2.4 Critérios de avaliação dos materiais: Peps (Fifo)

O segundo critério que analisaremos é o Peps, que significa "Primeiro que Entra é o Primeiro que Sai", sigla que veio do inglês Fifo, que significa *First In First Out*. A operacionalização desse critério de avaliação de estoques é bem simples, porém um pouco mais trabalhosa que o custo médio.

Consome mais recursos, pois todas as operações de aquisição devem ser registradas em separado para que se possa identificar qual entrou primeiro na estrutura empresarial e qual entrou depois. Vamos ver um exemplo com a tabela completa de controle de estoques e algumas operações registradas.

Tabela 2.3 – Controle das operações no Peps, em reais

Operação	Entradas			Saídas			Saldo		
Saldo inicial							10,00	12,00	120,00
Venda				5,00	12,00	60,00	5,00	12,00	60,00
Compra	15,00	15,00	225,00				5,00 15,00	12,00 15,00	60,00 225,00
Venda				5,00 3,00	12,00 15,00	60,00 45,00	12,00	15,00	180,00

Na tabela apresentada, pode-se notar que o controle no Peps deve ser exercido de maneira constante e em todas as operações de compra ou de venda, pois a camada mais antiga será sempre a primeira a ser afetada. A tendência é que, em uma economia inflacionária, mesmo com inflação relativamente controlada, os preços sigam uma trajetória crescente. Com isso, para efeitos de valores a serem contabilizados como custos das operações, sempre serão considerados os valores mais baixos, permanecendo os estoques com valores mais elevados dentro da estrutura da empresa, mesmo que seja apenas a título de controle financeiro.

A consequência é que o governo, por ser uma entidade arrecadadora de impostos, permite que se utilize o critério de controle Peps para registro dos valores de custos operacionais. A explicação disso é relativamente simples, pois, se considerarmos que custos menores em face a um valor de receita que não se altera gerarão um resultado mais elevado, o Peps proporciona mais arrecadação tributária. Não é coincidência que sua utilização, assim como o custo médio, primeiro critério que vimos, são os critérios permitidos para servir de base para o cálculo dos resultados contábeis e, consequentemente, para a arrecadação tributária.

Perguntas & respostas

Por que há alguns países em que é permitido o uso do Ueps como base para o cálculo dos tributos sobre a renda, mesmo com estrutura inflacionária, o que ocasiona menor arrecadação tributária?

Mesmo com os custos sendo mais elevados nas operações de venda presentes, a tendência é que no futuro próximo, ou seja, nas próximas vendas, haja maior arrecadação tributária, pois os produtos que sobrarão nos estoques pelo Ueps são os comprados primeiro, com custo mais baixo. Esse fato faz com que o governo deixe de arrecadar imediatamente alguns valores tributários, mas já em um futuro próximo faça a arrecadação dos valores restantes pela redução dos custos operacionais para a empresa.

Por mais que não exista nada que impeça uma entidade de alternar entre um critério ou outro para o controle dos estoques, ela não pode fazê-lo de maneira indiscriminada. O governo permite que se faça apenas uma alteração anual em relação ao critério de controle dos estoques e, adicionalmente, se a empresa estiver recebendo os ditames do mercado de capitais, ainda deverá divulgar em notas explicativas as razões que a fizeram alterar de critério.

Todas essas prerrogativas buscam o aumento da transparência na divulgação das informações contábeis por parte das empresas, pois as empresas podem se financiar não apenas com dinheiro dos sócios, mas também de instituições financeiras ou do público em geral, no caso de possuírem ações listadas em bolsa de valores.

2.5 Critérios de avaliação dos materiais: Ueps (Lifo)

O último critério de avaliação dos materiais a ser analisado é o Ueps, que significa "O Último que Entra é o Primeiro que Sai". Vem do inglês Lifo, que significa *Last In First Out*. Se você compreendeu a sistemática do Peps, apresentada na seção anterior, certamente não terá dificuldades para compreender o Ueps, pois ambos são muito parecidos no mecanismo de registro.

O Ueps é uma espécie de irmão do Peps, mas com mecânica invertida, pois inicia as baixas dos estoques nos momentos de venda com base nos itens que foram adquiridos mais recentemente. Isso faz com que o resultado do período, quando é calculado, gere informações de lucro mais reduzido em comparação com o Peps. Vamos identificar a razão pela qual isso ocorre.

No Peps, os valores baixados são sempre relativos a compras mais antigas. Então, como vivemos em uma economia inflacionária e os preços tendem a se elevar com o tempo, as camadas baixadas sempre terão os valores mais baixos. Complementarmente, se pensarmos no Ueps, em que a mecânica é invertida, os valores que serão baixados dos estoques serão sempre aqueles de camadas adquiridas mais recentemente.

Pensando novamente em uma economia inflacionária, os preços serão mais elevados em comparação com o Peps.

E não importa se o critério utilizado é o Peps ou o Ueps, os valores de receitas não se alterarão, já que o critério de controle de estoques não altera em nada o faturamento da entidade.

Quando os valores de baixa são registrados via Ueps, isso ocasionará um custo mais elevado. Valores mais altos de custos fazem com que o lucro das entidades se reduza, diminuindo a base tributável. Agora você pode entender claramente por que o governo não permite a utilização do Ueps para servir de base tributária, pois isso geraria menos arrecadação tributária sobre as mesmas operações. Vejamos agora como são registradas as operações no Ueps em uma planilha de controle de estoques.

Tabela 2.4 – Controle das operações no Ueps, em reais

Operação	**Entradas**			**Saídas**			**Saldo**		
Saldo inicial							10,00	12,00	120,00
Venda				5,00	12,00	60,00	5,00	12,00	60,00
Compra	15,00	15,00	225,00				5,00 15,00	12,00 15,00	60,00 225,00
Venda				8,00	15,00	120,00	5,00 7,00	12,00 15,00	60,00 105,00

Analisando as Tabelas 2.3 e 2.4, observamos que as operações são exatamente as mesmas: um saldo inicial de 10 unidades seguido de uma venda de 5 unidades. Logo após, há uma compra de 15 unidades e, por fim, uma venda de 8 unidades. Mas os valores de custo de vendas, que são provenientes das saídas na planilha, são diferentes em cada método.

Perguntas & respostas

Os critérios Peps e Ueps são muito semelhantes em termos operacionais. Em termos práticos, um é o inverso do outro com relação às baixas de estoque. Analisando-se todos os fatores que compõem o controle de estoque nos dois critérios, em uma economia inflacionária, como fica a oscilação dos estoques finais no Ueps em comparação ao Peps?

Os estoques finais ficam mais baixos, pois como a última parcela é a primeira a ser baixada, que é a mais cara, o que sobra é a primeira compra, que foi realizada a preço menor. Sendo assim, o Peps apresenta estoque final mais alto, pois permanecem os estoques mais recentes, que foram mais caros. A lógica para controle de estoques é sempre a mesma. O Ueps apresenta custos mais elevados em economia inflacionária, o que significa afirmar estoques finais a preços mais baixos. Já o Peps, por dar baixa de itens comprados em data mais antiga, apresenta custos mais baixos e estoque final mais elevado, sempre considerando uma economia inflacionária.

Pelo Peps, o custo das mercadorias vendidas (CMV) totaliza R$ 165,00 (R$ 60 + R$ 60 + R$ 45), retirados do total da coluna de saídas. Já pelo Ueps é de R$ 180,00 (R$ 60 + R$ 120), também extraídos do total da coluna de saídas da Tabela 2.4. Quaisquer dos três critérios, seja ele o custo médio, o Peps ou o Ueps, sempre permitirá o cálculo imediato dos custos das mercadorias vendidas, presentes no total da coluna de saídas.

Por fim, devemos ter em mente que o governo brasileiro permite o Peps, não permitindo o Ueps como base para a arrecadação tributária por uma razão bem simples: a inflação. Hipoteticamente, se vivêssemos em uma economia deflacionária, que é aquela na qual os preços tendem a cair com o passar dos anos, a situação provavelmente se inverteria. Isso porque, com os preços caindo, o Peps geraria valores de custos mais elevados, já que sempre efetua a baixa dos itens comprados em data mais antiga, ou seja, com preço mais alto. Por outro lado, o Ueps, em um regime deflacionário, geraria menores custos por registrar a baixa iniciando pelos itens comprados mais recentemente, ou seja, com custos de aquisição menores.

Custos menores geram maior resultado do período, o que acarreta maior arrecadação tributária. Além do custo médio, dificilmente o governo mudará a posição de proibir o Peps e permitir o Ueps para o cálculo dos tributos e agora você já sabe a razão disso.

Exercícios resolvidos

1. **A contabilidade de custos está ligada a uma série de outros assuntos na contabilidade. A parte societária e a fiscal são exemplos. Como os custos operacionais podem estar ligados à parte fiscal em uma empresa?**

Como a forma como se controla o estoque define os custos operacionais, os tributos sobre a renda são afetados diretamente pela política de estocagem de que uma empresa disponha. Não somente a contabilidade de custos, mas a contabilidade gerencial como um todo, exerce influência direta na parte societária e, principalmente, na parte fiscal das empresas.

2. **O que poderia levar uma empresa a tomar a decisão de alterar o critério de avaliação dos estoques, alternando entre o Peps e o custo médio?**

Isso varia muito com a estrutura física instalada, com o pessoal e com os objetivos que a entidade tenha. Se ela não contar com muito pessoal nem com muito tempo, é comum que utilize o custo médio, mas não é uma regra. O ideal é que a gerência tenha consciência dos objetivos de curto e de longo prazo para não gastar recursos sem metas definidas. A escolha do critério de avaliação dos estoques varia de empresa para empresa, podendo ela realizar o controle via Ueps de maneira adicional. Mesmo gerando retrabalho, essa análise pode trazer informações estratégicas importantes para uma empresa, as quais podem ser utilizadas imediatamente ou em momento futuro.

3. **Os impostos fazem parte do conjunto de decisões que guia os gestores no caminho de boas e competitivas estratégias. Pensando em manutenção de estoques, qual é a influência do valor dos impostos na comercialização dos produtos por uma empresa?**

   Na prática, apenas se paga imposto se o valor comercializado for maior que o valor utilizado para adquirir ou fabricar os itens de estoque, pois os impostos recuperáveis permitem essa situação na contabilidade. Como os impostos são pagos na aquisição das mercadorias ou matérias-primas mesmo sem a empresa ser a consumidora final dos itens, no momento da venda futura pode ser feito o acerto com o que teria de ser pago, gerando um direito a ser compensado. Isso faz com que os impostos recuperáveis apenas incidam quando o negócio agrega valor aos produtos comercializados. Por outro lado, os impostos não recuperáveis não podem ser recuperados nas vendas, mas vão reduzir as margens de lucro, já que passarão a compor os custos e reduzir a margem tributável.

4. **As notas explicativas congregam informações que não estão nas demonstrações contábeis elaboradas e eventualmente divulgadas pelas empresas. Pelo seu caráter estritamente informacional, essas notas são importantes porque esclarecem pontos que não puderam ser diretamente abordados nas**

demonstrações, haja vista que têm estrutura definida em lei e que não pode ser alterada. Com relação aos estoques e ao controle realizado neles, que informação pode compor as notas explicativas?

Os critérios de controle, como custo médio, Peps ou Ueps são evidenciados, assim como o grau de obsolescência, desde que aplicável à entidade, além de outros pontos como tempo para produção, quantidade de funcionários e horas-máquina utilizadas no processo fabril. Os custos conjuntos, aqueles que estão incorporados em mais de um produto, também podem ser apresentados nas notas explicativas e estão ligados ao controle de estoques e de inventário. As notas explicativas são um componente de divulgação obrigatória, sendo caracterizadas como um complemento das demonstrações contábeis. Estão previstas em lei e, na medida do possível, mostram aos interessados nas informações contábeis como está estruturado o estoque, além de como ele é controlado. Informações adicionais e que não têm condições de compor as demonstrações por causa do tamanho, como a idade média dos itens estocados, também podem ser apresentadas nas notas explicativas.

5. **O que leva uma empresa, mesmo sabendo que não pode utilizar o Ueps para realizar o controle dos estoques e avaliar os custos das vendas, a utilizá-lo e elaborar relatórios com essas informações?**

Não são apenas as informações de caráter obrigatório que são geradas por uma empresa. Muitas vezes, trabalhos adicionais são necessários para que todas as estratégias possam ser analisadas e as melhores decisões possam ser tomadas. Como toda empresa é única, é comum que as características vigentes em uma entidade não o sejam em outra empresa semelhante. Dessa forma, mesmo que esteja em início de operações, é importante que um negócio saiba dos planos futuros que possui. Isso inclui estratégias de precificação e de produção, de modo que os gestores consigam identificar com precisão o que se produz, como e por qual valor. São chamados *retrabalhos produtivos*, pois não são obrigatórios para a empresa, mas são essenciais para as atividades no longo prazo.

3

Custos diretos e indiretos

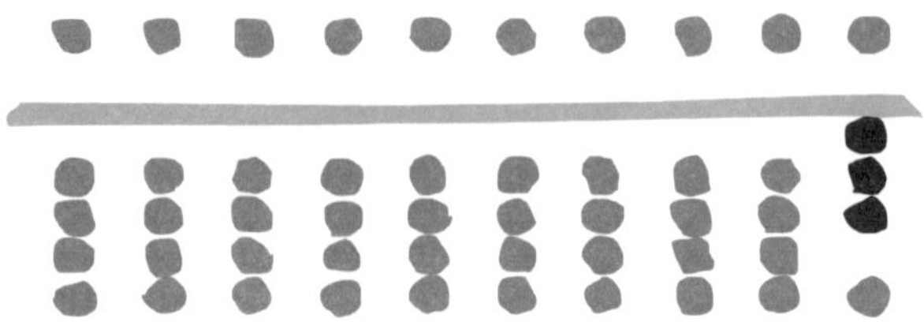

Conteúdos do capítulo:

- Custos diretos e indiretos.
- Separação entre mão de obra direta e indireta.
- Composição do custo de mão de obra direta.
- Tempo não produtivo da mão de obra direta.
- Outros gastos decorrentes da mão de obra.
- Apontamento da mão de obra direta.
- Identificação e mensuração dos custos indiretos de produção.

Após o estudo deste capítulo, você será capaz de:

1. realizar a separação entre mão de obra direta e indireta;
2. identificar a composição do custo de mão de obra direta;
3. analisar o tempo não produtivo da mão de obra direta;
4. verificar os outros gastos decorrentes da mão de obra;
5. realizar apontamento da mão de obra direta;
6. realizar a identificação e mensuração dos custos indiretos de produção.

No decorrer das atividades de qualquer empresa, é necessário que os custos operacionais sejam revistos de maneira constante. Todos os gastos, por menores que sejam, são dignos de preocupação por parte dos gestores e vão compor o conjunto de operações financeiras de uma empresa.

Entre esses gastos, é importante que os gestores saibam que os mais importantes são os custos e as despesas, por estarem mais ligados às razões de ser das empresas. Indústrias, empresas comerciais ou prestadoras de serviços deverão ter essa preocupação de separar os custos e as despesas, a fim de apurar melhor os estoques, o valor correto dos custos produtivos e, por consequência, o resultado de cada período. Todos os detalhes dos procedimentos relativos à correta avaliação e mensuração dos custos operacionais serão vistos a partir de agora. Vamos lá!

3.1 Separação entre mão de obra direta e indireta

Nas empresas industriais, uma das tarefas mais complicadas é a separação entre mão de obra direta e indireta. O conceito é bem claro, mas como cada empresa é única e a estrutura fabril pode fabricar até mesmo dentro de empresas com atividades similares, o mais importante é ter o maior nível de conhecimento das tarefas que são desempenhadas pela empresa em questão, além do conhecimento específico em contabilidade de custos.

Consideremos uma empresa que fabrique portões e janelas de aço. Normalmente, as janelas e os portões são compostos de chapas e barras de aço, além de pregos, parafusos, solda e a maçaneta, que também é um componente de matéria-prima. Com base nesse raciocínio, todo o consumo de recursos humanos que esteja diretamente ligado à fabricação de um portão ou de uma janela será classificado como *mão de obra direta*. E tudo o que estiver relacionado à fabricação, mas não puder ser associado diretamente a um produto específico, deverá ser classificado como *mão de obra indireta*. É com base nesse raciocínio que tentaremos identificar todos os pontos possíveis de ocorrência nessa fábrica de artigos de aço.

Um portão precisa de funcionários para moldar as placas de aço, serrar as barras, aplicar a solda nos pontos identificados, além de sofrer a ação da lixa antes da pintura, a pintura propriamente dita, finalizando com a colocação das dobradiças, da maçaneta e da aplicação final de verniz para fazer com que a pintura não sofra tanto a ação do tempo, como sereno, chuva, vento, pequenos arranhões, salinidade eventual do mar, entre outros fatores corrosivos.

Os trabalhos realizados pelos funcionários em todas essas tarefas são claramente identificados como mão de obra direta, pois conseguiremos ver (direta ou indiretamente) em cada portão o empenho e o resultado do trabalho dos funcionários. Antes de ser vendido, um portão precisa passar por um controle de qualidade e por testes de durabilidade, realizados antes da comercialização. Se houver um departamento de qualidade, fica claro que esses gastos estão ligados à produção, mas não serão absorvidos de maneira direta pelos portões. Aqui está um exemplo de mão de obra indireta: o controle de qualidade.

> Pensemos agora nos trabalhos de supervisão da produção. Normalmente, uma linha de produção não tem apenas funcionários soltos, sem qualquer conferência nas atividades realizadas etapa a etapa, por mais que os funcionários possam ter experiência e intimidade com os procedimentos. Os líderes de produção e os supervisores de produção, dependendo de como a empresa os chame, auxiliam o processo produtivo, realizam conferências adicionais antes de cada etapa ser considerada concluída, além de facilitarem o trabalho da supervisão de produção. Mas que fique claro: nenhum supervisor de produção ou líder de produção "põe a mão na massa". E, a cada momento que passa, essa diferença fica mais clara para nós.

Podemos afirmar, então, que mão de obra direta é tudo o que é absorvido pelos produtos finais e mão de obra indireta é tudo aquilo que não é absorvido pelos produtos? Praticamente isso, mas não apenas. Para compreender melhor, vamos ver outro exemplo.

Vamos imaginar uma fábrica de artigos de plástico. Essa fábrica produz copos, jarras e outros artigos de plástico. Durante o processo produtivo, vários itens são atrelados aos itens fabricados e diversos maquinários são utilizados. Entre esse maquinário, há um específico que realiza uma lavagem final de todos os itens que estão prontos, ou seja, que já tiveram o processo de fabricação finalizado e foram conferidos.

Essa lavagem utiliza alguns produtos químicos específicos para fazer com que os itens atendam a normas específicas de higiene. Dessa maneira, é fácil identificar que os componentes de limpeza são utilizados na produção, mas nenhum item apresentará de maneira clara os componentes químicos em sua forma plástica, por exemplo.

E quanto à mão de obra utilizada? Como deve ser analisado o conjunto de gastos realizados? Os recursos de maquinário são custos indiretos, mas para a produção de milhares de itens, como na indústria de artigos de plástico, apenas um funcionário é necessário para comandar todo o processo de limpeza, que é automatizado e não tem qualquer contato manual por parte do pessoal.

Perguntas & respostas

Se analisarmos o caso de uma fábrica que possui diversas máquinas pesadas, mas produz um único produto, como são classificados os custos ligados à depreciação e energia elétrica, por exemplo? Diretos ou indiretos?

No caso de uma empresa ser monoprodutora, todos os custos de produção serão considerados diretos. É simples pensar dessa maneira. Se uma empresa utiliza as máquinas produtivas para fabricar dois tipos diferentes de produtos, os gastos com depreciação recebem a classificação de custos indiretos, pois fica difícil identificar a parcela exata que cada produto consome. Considerando uma indústria que fabrique um único item, tudo o que será consumido durante o processo de produção terá um único caminho, que é precificar esse item produzido. Dessa maneira, todos os gastos incorridos em uma empresa monoprodutora deverão ser corretamente classificados como custos diretos de fabricação, não existindo a ocorrência dos custos indiretos de fabricação.

Em relação ao processo em si, o gasto de mão de obra do funcionário operador das máquinas é um custo produtivo, mas indireto, pois o gasto da máquina será diluído para milhares de itens fabricados, assim como as horas funcionais do funcionário que a opera. Sob o ponto de vista dos produtos químicos e da água utilizada para a limpeza, é possível calcular quanto cada item gasta para ser limpo. São, portanto, custos diretos. E como analisamos os gastos eventuais com supervisão de produção?

Aqui, como visto no primeiro caso, não há dúvida. Devemos analisar sempre sob o ponto de vista da absorção dos produtos fabricados. A supervisão do processo de limpeza final assemelha-se muito ao trabalho realizado pelo controle de qualidade, conforme vimos no primeiro exemplo.

Caso uma entidade apresente uma diretoria produtiva, como é comumente visto nas grandes indústrias, esses gastos também serão classificados como indiretos, embora nem sejam classificados como *mão de obra*. Como nossa intenção é verificar todas as nuances, esse ponto fica bem claro nesse sentido.

Mudando o foco para o setor de prestação de serviços, a mão de obra direta deve ser segregada da indireta também tendo como base as atividades principais realizadas. As mesmas operações podem ser classificadas em empresas semelhantes como direta ou indireta, dependendo da estrutura que cada uma possua (Padoveze; Takakura Junior, 2013).

Os gastos com instalação e manutenção de redes de informática são exemplos clássicos de mão de obra direta para prestadoras de serviços. E quando o cliente entra em contato telefônico para solicitar um reparo remoto na rede? Esse reparo não necessita da presença física de um técnico, podendo ser realizado a distância. Isso é um gasto de mão de obra direta ou indireta?

É direta, pois podemos identificar nitidamente a ligação com a atividade principal, que é fazer com que o cliente tenha continuamente a rede de informática à sua disposição. Muitas vezes, para realizar esses reparos, os técnicos precisam utilizar a estrutura de telecomunicações instalada na própria sede da entidade. Por se tratar de um recurso que utilizará o tempo dele, mas que pode ter vários clientes atendidos ao mesmo tempo, trata-se de um gasto com mão de obra indireta. Isso faz com que a identificação do que foi feito seja clara, mas não é tão clara assim a capacidade de identificação de qual cliente o técnico conseguiu beneficiar especificamente.

Como ocorre de maneira muito recorrente em contabilidade de custos, não há uma regra de ouro, algo que possa servir de referência para todas as entidades (Martins, 2010). O que vale é o conhecimento de quem analisará cada situação em particular e a capacidade de mudança de parâmetros sempre que for identificado um item que seja único na entidade.

3.2 Composição dos custos de produção

Um fator importante no momento de definirmos o que é mão de obra direta e o que a compõe está ligado à operação normal das atividades. Os funcionários produtivos, mesmo que quisessem, não conseguiriam permanecer durante todo o tempo exercendo atividades produtivas. Podemos usar como exemplo um funcionário que produz os copos de plástico da fábrica da seção anterior e quer exercer suas atividades principais de maneira ininterrupta pelos cinco dias da semana durante todas as semanas. Isso é possível, mas humanamente inviável. Como fazemos, então, a composição da mão de obra direta?

O que devemos ter em mente é que o que vai compor os fatores de matéria-prima são os componentes predominantemente produtivos. Vamos pensar sob o ponto de vista da administração da produção. Esse funcionário, enquanto desempenha suas atividades, consegue fazer, em média, um copo a cada 5 minutos, o que daria uma média de 12 unidades por hora. Para um dia inteiro de trabalho de 8 horas, o funcionário produziria 96 unidades do copo. Mas sabemos que a produtividade é apenas uma média.

Sendo assim, a própria indústria que o empregou sabe que ele não permanecerá durante todo o tempo produzindo e que, na média, ele terá condições de produzir 80 unidades do copo por dia e essa será a referência para compor a mão de obra direta, considerando apenas ela como fator humano produtivo do copo de plástico.

Agora imaginemos o salário mensal desse funcionário sendo de R$ 2.000 e vamos ignorar os tributos para facilitar a compreensão. Como ele trabalha fazendo apenas essa atividade, a hora trabalhada dele custa, considerando 4 semanas por mês e 5 dias trabalhados em cada uma delas, R$ 100 por dia. São 20 dias trabalhados, na média, por mês, o que dá um custo unitário de mão de obra por copo de R$ 1,25. Esse valor é apenas uma referência para a empresa, pois deve ser tomado como base o valor real para os registros contábeis. Mas então para que serve o valor de R$ 1,25?

Ele serve para a definição de metas produtivas e para manter os cálculos de custos dentro de um padrão mínimo de normalidade, o que faz com que a empresa possa continuar sendo competitiva em comparação com todos os outros concorrentes do mesmo mercado.

Pensando em composição real, uma entidade deve efetuar os controles produtivos desse funcionário, de modo que possa identificar a quantidade de copos plásticos produzidos por ele durante um período. O normal é que esse período seja de um mês. Isso deve ser feito para os funcionários que tenham uma atividade exclusiva, como é o caso desse profissional, mas também para os funcionários que exercem mais de uma atividade, fazendo parte da produção de dois ou mais itens produtivos de uma empresa.

Após esses controles terem sido realizados, é o momento de identificar quanto do salário do funcionário produtivo será associado a cada produto. Se, por alguma razão, o colaborador tiver ficado durante duas semanas sem condições de trabalho por uma doença, por exemplo, ele apresentará um nível menor de produtividade, sendo caracterizado por menos copos plásticos. Imaginemos a seguinte situação: duas semanas produtivas em que ele conseguiu fabricar 700 copos plásticos, sendo 70 por dia, fará com que a relação de recursos por copo aumente. Vejamos.

Tabela 3.1 – Custos de mão de obra direta

Salário mensal (R$)	Copos produzidos	Relação R$/copo	Montante não produtivo (R$)
2.000,00	700	2,85 por copo	–
2.000,00	700	1,25 por copo	1.125,00
1.000,00	700	1,43 por copo	–

Por meio da análise da tabela anterior, podemos identificar três possibilidades diferentes de análise. A primeira estabelece o valor real obtido por copo, considerando todo o salário do funcionário sendo direcionado apenas para a produção. Isso estaria correto apenas se o funcionário tivesse permanecido à disposição da empresa durante todos os dias do mês, mas não foi o que ocorreu.

Perguntas & respostas

Considerando as diversas atribuições que uma empresa pode dar a seus colaboradores, vamos imaginar uma empresa que trabalhe com reciclagem constante de seus funcionários, além

do pessoal novo que é contratado para funções produtivas a todo momento. Vamos considerar um colaborador produtivo que já desempenha sua função por anos e, sempre que há novos empregados para serem instruídos na função dele, é ele quem os treina. Para isso, ele é afastado temporariamente das tarefas produtivas. Enquanto ele está em período de instrução aos novos operários, como devem ser classificados os gastos incorridos com o salário dele?

Para efeitos de composição do preço dos produtos produzidos, apenas serão considerados custos de mão de obra direta (MOD) os gastos associados ao tempo em que ele ficou desempenhando funções operacionais. Os gastos do tempo em que ele desempenhou as funções de instrutor dos novos operários deverão ser segregados dos custos diretos, devendo ser reconhecidos como custos indiretos, como ocorrem com os gastos de supervisão. Basta compreendermos a natureza da atividade do operário enquanto desempenha suas funções operacionais. Nos momentos em que ele é funcionário produtivo, os gastos incorridos pela empresa são mão de obra direta. Para os momentos em que a prioridade dele muda para o treinamento de novos funcionários, a produção ainda será beneficiada, mas de maneira indireta. Essa é a principal razão pela qual esses gastos são reconhecidos como custos indiretos de produção.

De fato, o funcionário apenas permaneceu à disposição da empresa durante a metade do mês, tempo correspondente a duas semanas, período em que foram produzidas as 700 unidades do copo de plástico.

As anotações de valores médios, utilizadas gerencialmente pela empresa, são evidenciadas no segundo momento, quando se tem a informação de que R$ 1.125 serão destinados a custos indiretos de fabricação (Martins, 2010). Relembrando que o valor unitário utilizado foi de R$ 1,25 por copo.

Já o terceiro valor, considerando apenas o tempo em que o funcionário esteve efetivamente trabalhando produtivamente para a entidade, busca o valor real da produção considerando todas as variáveis, que são tempo exclusivo destinado à produção e quantidades produzidas. Aqui, associa-se o valor de R$ 1.000 para a produção de 700 unidades, chegando-se ao valor unitário de R$ 1,43 por copo. Considerando essas três situações, ambas as possibilidades em que o funcionário apenas trabalhou duas semanas no mês, qual é a correta a ser utilizada para os registros contábeis e, consequentemente, para ser considerada como base para o cálculo dos custos operacionais? É o que veremos na próxima seção.

3.3 Tempo não produtivo da mão de obra direta

Na seção anterior, vimos que é hipoteticamente impossível que um funcionário permaneça durante todo o tempo produtivo à disposição da empresa apenas para produzir. Isso pode ocorrer por diversas razões, e uma das principais é que se trata de um ser humano, e não de uma máquina produzindo. Também contribui para isso um conjunto de fatores sociais, que fazem com que os valores médios sejam a referência.

O fato é que apenas o valor efetivamente gasto durante a produção deve ser associado diretamente aos produtos. O restante deve ser identificado separadamente, sendo desvios previstos reconhecidos como custos indiretos de fabricação. Caso os valores sejam não gerenciados pelas entidades, como afastamentos por licença ou férias, devem ser transportados para o resultado do período diretamente como despesas e não podem ser associados a qualquer item produtivo. Essa prática distorce os valores finais de custos produtivos, fazendo com que as margens operacionais sejam calculadas com base em valores equivocados (Martins, 2010).

Vamos analisar mais profundamente a situação do funcionário da fábrica de copos de plástico que não pôde trabalhar por duas semanas. Agora, tomaremos como base não apenas o mês em que ele ficou duas semanas fora, mas também o mês imediatamente anterior, em que ele não teve faltas. Vamos identificar os detalhes na tabela a seguir.

Tabela 3.2 – Horas produtivas e custos operacionais

Período	Salário mensal (R$)	Copos produzidos	Relação R$/copo	Montante não produtivo
01	2.000,00	1.500	1,33 por copo	–
02	2.000,00	700	2,85 por copo	–

Se analisarmos os dois meses na sequência, veremos que a produção caiu muito de um período para o outro, que é do período 01 para o período 02. Essa redução não permanece inexplicada, pois, como já vimos, o funcionário ficou duas semanas sem produzir, ou seja, metade do período 02. Dessa forma, se apenas associarmos diretamente os valores gastos com o salário do funcionário à produção finalizada, teremos valores muito distintos por copo, indo de R$ 1,33 para R$ 2,85, que dá R$ 1,52 por unidade produzida.

Analisando de maneira isolada, o valor é relativamente pequeno, mas, em termos proporcionais, R$ 1,52 representa pouco mais que 114% do custo inicial, R$ 1,33, gerando uma grande diferença nos custos de produção apurados. A supervisão da produção deve estar ciente de que não é prudente enviar o valor de R$ 2,85 para a contabilidade com o objetivo de ser registrado como parte do custo operacional, que é o custo de mão de obra direta. Isso se deve ao fato de que os afastamentos dos funcionários produtivos podem não ser programados, gerando classificações distintas em relação aos custos, podendo ser classificados como *custos* ou *despesas* (Martins, 2010).

Se isso for feito de maneira contínua, os valores dos custos serão evidenciados de maneira equivocada e, consequentemente, os preços ofertados aos consumidores também serão desenquadrados da realidade se adicionarmos os outros fatores, como outros custos e margem de lucro. O que acontecerá será uma diferença grande entre os preços praticados pela entidade e pelos concorrentes. Haverá uma tendência de os preços aos consumidores serem mais elevados, pois apresentará valores que não deveriam ser considerados custos, e sim despesas (Padoveze; Takakura Junior, 2013).

É papel da gestão do negócio identificar que há problemas operacionais na definição do que deve ser destinado para os custos de mão de obra direta. Esse processo deve fazer parte da rotina, pois qualquer desvio pode gerar diferenças significativas, principalmente quando o volume produzido é grande.

3.4 Outros gastos decorrentes da mão de obra

Não são somente os gastos diretos de mão de obra que devem ser preocupação dos gestores e dos gerentes de produção. Há outros gastos que não ocorrem quando não há processo produtivo e são quase dependentes da mão de obra. Que gastos são esses? É o que veremos nesta seção.

Para deixar a explicação mais clara, utilizaremos uma situação hipotética complementar, saindo da fábrica de copos e jarros plásticos e imaginando uma fábrica de móveis de madeira. Isso facilitará a visualização da situação e a apresentação dos fatos.

Sabemos que, por mais que um móvel de madeira seja composto de madeira, há muito mais itens compondo sua estrutura do que simplesmente o elemento citado. E isso vale tanto para os itens visíveis como para os invisíveis.

Pensando especificamente em um conjunto de mesa e quatro cadeiras, um item comum em muitas residências brasileiras, fica fácil visualizar seus componentes. E quanto aos componentes invisíveis? Como eles são absorvidos pelos produtos? Agora, vamos analisar o processo produtivo desde o início para esse conjunto de móveis.

A madeira chega bruta, geralmente em placas e chapas, para o processo de fabricação ser iniciado. Logo que são tiradas as medidas, são iniciados os trabalhos de corte. Em um segundo momento, as peças já cortadas começam a receber algum tipo de acabamento, que pode ser com lixa, tinta, verniz etc.

Após essa etapa, o processamento manual fica mais evidente, pois no início o procedimento de corte pode ter sido praticamente todo automático, apenas com a inserção das placas em grandes máquinas de corte com precisão milimétrica. Por mais que seja um item de produção em massa, esse é o momento em que começa a sensibilidade humana em cada etapa.

A pergunta que se faz é: há algum tipo de personalização nas cadeiras? E nas mesas? Se houver, esses trabalhos adicionais tendem a ser manuais, tudo para agregar valor aos produtos finais. Como são os próprios funcionários que o realizam, é fácil de identificar quanto de mão de obra está lá. Você já foi a uma loja de móveis e viu um móvel com algum tipo de diferencial? Como calcular o quanto aquele item vale exatamente?

Para uma fábrica, aquele objeto custa o equivalente aos componentes produtivos e tem potencial de ser vendido pelo valor que os clientes estiverem dispostos a pagar. Aqui entra um fator importante: o nível de especialização do pessoal produtivo e do acabamento da produção.

Uma mesa é composta por parafusos, pregos, porcas, braçadeiras e outros itens que não são necessariamente madeira e mão de obra. Também entram nesse cálculo os valores da depreciação, relativos ao tempo de uso das máquinas que auxiliam diretamente no processo produtivo.

Perguntas & respostas

A mão de obra é algo muito planejado, principalmente pelas indústrias, que necessitam muito dessa força produtiva. Em períodos de sazonalidade, a mão de obra pode ser mais requerida que o normal. Nesses casos, os gestores podem ficar na dúvida entre contratar novos funcionários ou arcar com a mão de obra produtiva com a incidência de horas-extras. Que fatores poderiam ser levados em consideração para tomar a decisão mais acertada?

Devem ser consideradas todas as variáveis desse cenário. A produção adicional que a empresa está demandando será continuada depois do período de sazonalidade? Se a resposta for "sim", pode ser melhor contratar mais funcionários; em caso negativo, as horas-extras são a melhor opção. Tudo é uma questão de prioridades. Vejamos: se a ideia da empresa é permanecer no mercado com a mesma parcela de público que possui hoje, provavelmente não necessitará contratar novos funcionários, devendo apenas arcar com horas-extras durante o período de pico produtivo. No entanto, se o mercado estiver em expansão e a empresa tiver ideias de crescimento produtivo e um público-alvo com bom poder de compra, a contratação de novos funcionários pode ser aventada. O que deve ser pesado é o gasto com as horas-extras, que são adicionadas de 50% em relação ao valor da hora normal de trabalho. E uma contratação equivocada de pessoal demandará a necessidade de demitir os funcionários e mais gastos com esse procedimento. Novamente, o que indicará o melhor caminho é o conhecimento que os gestores têm do negócio, além do momento pelo qual a economia passa.

Há, ainda, casos em que é mais prudente para uma fábrica terceirizar algumas tarefas. É normal que, no início de suas atividades, alguns trabalhos sejam realizados fora da estrutura da empresa para otimizar recursos financeiros. São máquinas de valor monetário muito elevado e que poderiam comprometer a estrutura financeira do negócio. Como há a opção da terceirização sem perda da qualidade, basta que os gestores busquem alternativas de fornecedores para manter o negócio viável. Nesse caso, os valores gastos com mão de obra por parte da empresa prestadora de serviço não serão registrados como gastos da fábrica, e sim como outros componentes produtivos, mas pelo seu valor total de produção. É comum que as fábricas registrem esses componentes como fatores produtivos, mas sem uma especificação clara da tarefa. Afinal de contas, foi outra empresa que a realizou, mas deixando bem claro quantas unidades receberam o benefício e por quanto saiu todo o trabalho em unidades monetárias. Esse procedimento facilita o trabalho no momento de contabilizar.

Outro ponto digno de preocupação por parte dos gestores e que está ligado à mão de obra direta são os encargos trabalhistas. Nos exemplos anteriores, os encargos foram propositalmente deixados de fora para facilitar o raciocínio. Mas agora faremos exatamente o inverso: inseriremos os encargos para permitir a compreensão do assunto.

Quando qualquer empregado trabalha, ele faz jus ao salário mensal, mas também ganha o direito de receber uma série de valores ligados à remuneração básica, que podem ser benefícios sociais, de previdência ou outro fator. Aqueles direitos que os trabalhadores normalmente possuem e que geram gastos adicionais para as empresas estão ligados à previdência social, ao Fundo de Garantia do Tempo de Serviço (FGTS) e aos auxílios de transporte e de alimentação.

Esses valores são separados dos valores originais de salário, mas têm a incidência baseada no ganho básico. Por exemplo: se um funcionário recebe um salário de R$ 2.000, conforme vimos anteriormente, tudo terá como base o salário.

Tabela 3.3 – Encargos incidentes sobre os salários, em reais

Salário-base	**INSS**	**FGTS**	**Auxílio-alimentação**	**Auxílio-transporte**
2.000,00	200,00	160,00	400,00	200,00
4.000,00	400,00	320,00	400,00	200,00
6.000,00	500,00	480,00	400,00	200,00

Na situação ilustrada na tabela, podemos ver três salários tomados como base e os valores adicionais que incidem sobre eles. No caso do INSS, foi arbitrada uma alíquota fixa de 10% com o limite de R$ 5.000, ou seja, qualquer salário acima desse valor terá apenas 10% sobre o teto descontado.

Para o caso do FGTS, a alíquota utilizada foi a praticada atualmente pelo governo, que é de 8%, não importando quanto se receba de salário. É importante deixarmos claro que o valor do Instituto Nacional do Seguro Social (INSS) destacado é a parte que o trabalhador paga ao governo e o FGTS é um encargo da empresa. Não foi considerada a parte incidente sobre a empresa relativa ao INSS.

Os dois últimos valores, de auxílio-alimentação e de auxílio-transporte, apresentam valores fixos, pois não são fundamentados em quanto o funcionário ganha, e sim em um auxílio para que as necessidades de alimentação e de transporte sejam supridas. Qualquer funcionário que seja efetivamente empregado receberá o mesmo valor, sem qualquer tipo de discriminação. Todos esses valores são encargos da empresa e comporão os valores de mão de obra direta. Eventualmente, funcionários que necessitarem de mais serviços de transporte poderão receber mais, mas o valor com a alimentação será sempre o mesmo, tanto para os diretores como para os funcionários de funções mais inferiores. É claro que isso influencia no custo dos produtos fabricados, pois, quanto maior for o encargo, maior será o custo associado.

Assim, as empresas devem verificar constantemente a real necessidade de pessoal e, quando for o caso, a possibilidade de terceirização das atividades para que o negócio permaneça competitivo.

3.5 Apontamento da mão de obra direta

Vamos começar agora o último e não menos importante item sobre a mão de obra direta, que é a forma correta de apontamento dos gastos realizados. Há dois momentos em que isso deve ser realizado: o primeiro é o **momento em que o gasto é realizado**, durante o processo produtivo. No segundo momento, estamos falando do **registro dentro dos sistemas contábeis**.

Vamos voltar e imaginar a fábrica de artigos plásticos para facilitar nossa compreensão. Em situações produtivas normais, os funcionários teriam o horário de expediente a ser cumprido, normalmente de 8 horas diárias, e não permaneceriam mais na estrutura fabril. No entanto, em situações especiais, como em períodos de sazonalidade, por exemplo, os funcionários podem ser solicitados a trabalhar mais que as horas normais diárias. Nesses casos, haverá a incidência de horas-extras aos gastos de mão de obra, o qual deve ser considerado um fator adicional no apontamento da mão de obra produtiva.

Uma alternativa de que as empresas dispõem, mais evidente depois do advento das atualizações na legislação trabalhista no Brasil, é que as atividades podem ser completamente terceirizadas, mesmo as atividades-fim. Para o caso de nossa fábrica de artigos plásticos, tudo poderia ser terceirizado, permanecendo apenas as atividades de montagem e embalagem dos produtos, exemplificando uma situação produtiva.

O fato é que, ao terceirizar qualquer parte das atividades, uma empresa troca a tarefa de apontar as horas de mão de obra que ocorrem dentro da sua estrutura produtiva pelo pagamento de um serviço prestado por um terceiro. Isso diminui os custos e o trabalho interno, mas pode aumentar os gastos por outro lado, já que os valores serão pagos por unidade a seus fornecedores pelos serviços prestados.

É importante que a gerência da entidade identifique precisamente os gastos em sua quantidade, pois no longo prazo pode ser mais vantajoso adquirir máquinas e arcar com seus custos do que contratar o serviço de terceiros. O fator que definirá essa decisão será a estrutura produtiva, o mercado consumidor e os objetivos estratégicos de longo prazo que a entidade possua.

Voltando aos apontamentos, é necessário que a estrutura burocrática da entidade esteja bem encadeada para que os apontamentos reflitam a realidade produtiva. O controle do registro do ponto dos funcionários produtivos deverá ser automatizado ou algo similar. As ordens de produção preferencialmente deverão apresentar sistemas de início e de término também com registros automáticos, o que permitirá aos gestores saber o tempo exato que os funcionários produtivos permaneceram no processo produtivo de cada item específico, o tempo não produtivo e a parcela do tempo total de trabalho que deve ser redirecionada para o resultado, não tramitando pelo custo de produção nem ingressando nos estoques.

Todo esse controle deve ser confirmado pela comparação entre as horas de mão de obra registradas pela contabilidade da empresa e as horas registradas nos departamentos produtivos. Quando for possível, os registros do ponto também podem ser usados como fonte adicional de validação.

É comum que algumas máquinas produtivas mais modernas disponham de controle apurado e automático do tempo gasto na produção de cada item, sendo esse controle realizado de acordo com a necessidade de cada entidade, podendo ser até em segundos. Não é difícil imaginar uma situação como essa, que necessite de um controle adicional e mais apurado do tempo, se pensarmos em uma fábrica de pregos e parafusos. Como são milhares de itens produzidos em uma única hora, o controle da produção por produto deve ser realizado em uma escala de tempo menor, muitas vezes considerando não apenas uma unidade, mas um lote.

No caso de pregos e parafusos, é comum que se registre o tempo em segundos que se demora para serem produzidas cem unidades de determinado item.

Além dos aspectos burocráticos, a materialidade também é importante. Se a produção é de pregos e parafusos, alguns itens serão importantes, como o tempo gasto para separar os itens com algum defeito quase imperceptível. Já na fábrica de artigos plásticos, o que se gasta com a lubrificação das máquinas realizada mensalmente talvez não apresente tanta materialidade ao ponto de provocar diferenças significativas no valor final do custo unitário de fabricação.

Perguntas & respostas

Um momento crucial na vida de qualquer empresa é quando ela decide se vai expandir suas atividades por meio do aumento da produção ou da terceirização de algumas tarefas. Atualmente, não há qualquer lei que proíba uma empresa de terceirizar todas as suas tarefas, mas nem sempre isso é vantajoso por causa do volume produtivo e dos ganhos de escala. Como deve ser tomada a decisão de produzir ou comprar?

Quando os negócios tendem a se expandir, a produção interna pode ser priorizada. Com retração da economia, talvez a terceirização seja a melhor escolha. Investimentos internos diminuem os custos operacionais em escala, pois a depreciação é a mesma e, quanto mais se produz, menor é o valor de depreciação que vai para cada item produzido. No entanto, se a economia dá sinais de desaceleração, talvez seja a hora de terceirizar as operações. O problema é que não dá para comprar e vender máquinas produtivas todo mês, o que faz com que as decisões dos gestores tenham um grande impacto nas finanças empresariais. O conhecimento não só do negócio em si, mas da economia como um todo proporciona decisões tomadas com um embasamento maior, auxiliando a boa gestão e a perenidade dos negócios.

Sempre se deve ter em mente que os critérios que definirão a materialidade ou não de um fator produtivo variarão de empresa para empresa, devendo ser identificados antes de ser iniciada a produção. Revisões também são necessárias, devendo ser realizadas no mínimo semestralmente pelos diretores de produção em conjunto com os supervisores de produção, que são os funcionários que mais podem dar contribuições para o processo produtivo, deixando a tarefa de apontamento de mão de obra algo mais fácil e possível de ser realizado (Dutra, 2017).

Pensemos da seguinte maneira: quando se sabe quanto se gasta em cada item produtivo é mais simples definir a materialidade. Um item identificado como correspondendo a apenas 5% ou menos dos fatores de produção, se for de difícil registro e controle, pode ser associado aos produtos de maneira estimativa, sendo a absorção pelos produtos fabricados menos objetiva. Não há problema em realizar esse tipo de procedimento de maneira recorrente, desde que os fatores com participação mais elevada, como 50% ou mais, sejam associados de maneira objetiva, sendo direcionados aos produtos exatamente pelos seus valores identificados.

3.6 Identificação e mensuração dos custos indiretos de produção

Os custos indiretos de produção, ou simplesmente CIP, são fatores produtivos que não podem ser diretamente associados aos produtos, merecendo atenção especial por parte dos gestores. No passado, os produtos eram fabricados por artesãos, os quais esperavam receber pedidos dos interessados em seus produtos e, apenas após os pedidos, procuravam itens necessários para a produção (Martins, 2010). Àquela época, era muito comum que os itens produzidos, como jarros, tivessem um alto índice de personalização, sendo produtos muito exclusivos, haja vista que o maquinário utilizado para a produção era diminuto.

Na prática, o que os artesãos faziam era calcular o valor da matéria-prima total a ser utilizada para produzir o item encomendado, inserir o valor relativo ao tempo que destinariam para produzi-lo e definir o preço com essa base. A influência de uma máquina ou a necessidade de investimento mais pesado nela ainda era praticamente inexistente, pois nos referimos a um período pré-Revolução Industrial.

Para nós, é fácil identificar que a maioria dos fatores produtivos da época era a matéria-prima e a mão de obra direta, ficando uma pequena parcela para os CIPs, quando ocorriam.

No entanto, se analisarmos a realidade atual dos mercados, há produtos que praticamente não apresentam a incidência de mão de obra, ficando a ocorrência dos CIPs como o principal componente de materiais produtivos. E como eles não podem ser associados diretamente aos produtos, para se evitar a precificação equivocada, deve-se controlá-los com atenção especial.

Perguntas & respostas

Nos tempos dos artesãos, não existiam fábricas e a produção era quase completamente artesanal e exclusiva a quem tivesse recursos financeiros. No entanto, a produção foi automatizada, gerando um menor impacto da matéria-prima nos custos, invertendo a relação dos custos diretos e indiretos como fatores produtivos. Qual é o principal problema atualmente na precificação de produtos industrializados no que concerne aos custos?

A identificação de um critério justo para ratear os custos indiretos de produção. Como eles não podem ser associados diretamente aos produtos fabricados, é necessário que se identifique um critério de rateio para os valores consumidos. Essa escolha chega a afetar a estrutura dos orçamentos empresariais e deve ser decidida em conjunto com todos os gestores de uma empresa, desde os de *marketing*, o financeiro, o de produção e qualquer outro que gerencie uma parcela dos recursos financeiros. O objetivo é fazer com que a precificação seja a mais correta possível, mesmo sabendo que não há um critério considerado perfeito.

Um ponto que merece destaque é para as empresas monoprodutoras, que são as que realizam a produção de apenas um item ou de itens diferentes, mas com muitas semelhanças. Vamos a um exemplo.

Se considerarmos uma fábrica de sucos em pó, ela pode produzir diversos sabores distintos, mas basicamente todos os produtos serão semelhantes. A diferença entre os produtos provavelmente estará no momento de inserir os sabores específicos para cada unidade, mas o processo de produção é idêntico. Nesses casos, como há apenas um produto fabricado, todos os custos podem ser mais facilmente associados aos produtos, sendo encarados como diretos mesmo com um *mix* de produtos existente. Na prática, é como se apenas um produto fosse fabricado, o que facilita o controle dos gastos.

> Agora imaginemos uma indústria de chocolates que fabrica vários bombons diferentes, cada um com um formato e um sabor completamente diferente do outro. Ela possui somente uma grande máquina produtiva que realiza a produção de todos os itens, apenas necessitando de alguns ajustes e regulagens entre um produto e outro. Nesse caso, todos os gastos da máquina serão associados a todos os bombons fabricados. Isso dificulta demais a associação objetiva dos valores de custos de fabricação aos bombons, pois cada um processa uma quantidade diferente de chocolate, de recheio, de tempo da máquina etc.

E não são apenas a matéria-prima e o consumo das máquinas que geram consumo de CIPs, mas também a mão de obra. A supervisão da fábrica é realizada por um ou mais supervisores, que conseguem identificar todo o processo produtivo. Nesse caso, fica clara a dificuldade para associar diretamente a cada item produzido o gasto com a supervisão. Outros gastos, como a engenharia de produto, o planejamento e o controle da produção e a gerência produtiva também são componentes de custo que devem ser transferidos indiretamente aos produtos fabricados.

Um exemplo mais simples e fácil de ser identificado como um CIP é a energia elétrica. Imagine um grande galpão industrial que tenha apenas uma conta de energia elétrica para alimentar toda a estrutura. Quando vai para cada item produzido? E como será identificado o montante que cada produto receberá?

O mesmo raciocínio pode ser utilizado no caso da depreciação das máquinas produtivas. Ela pode ser considerada custo direto ou indireto. Novamente, quanto mais alta for a tecnologia aplicada por uma empresa, maior será a tendência de que os valores possam ser alocados mais diretamente aos produtos fabricados (Viceconti; Neves, 2018).

É claro que o edifício que abriga a fábrica, que também sofre depreciação, gerará um custo produtivo que obrigatoriamente deverá ser considerado CIP. Como proceder nesse caso? A solução está na definição de critérios de rateio para distribuição dos CIPs aos produtos. Isso evita que um item receba mais fatores produtivos, ficando com custo indevidamente mais elevado e que outros itens recebam menos fatores produtivos, apresentando uma falsa ideia de eficácia produtiva.

Para a definição do critério de rateio, é importante que se conheça muito bem a estrutura produtiva da entidade, o que fará com que o resultado obtido seja mais próximo da realidade.

Vamos analisar o caso hipotético da empresa Produz Além Ltda., que fabrica dois produtos: o Simples e o Complexo. A tabela a seguir apresenta os gastos incorridos em um mês.

Tabela 3.4 – Gastos mensais da empresa Produz Além Ltda.

Natureza do gasto	**Valor (R$)**
Depreciação da fábrica	32.500,00
Mão de obra (direta + indireta)	55.000,00
Matéria-prima consumida na produção	265.000,00
Seguro da fábrica	12.500,00
Seguro do prédio da administração	7.500,00
Honorários pagos aos membros da diretoria	25.000,00
Gastos com manutenção da fábrica	17.500,00
Gastos com correspondências	2.500,00
Comissões sobre vendas	5.000,00
Juros incorridos por financiamentos	7.500,00
Gastos com veículos de vendedores	6.000,00
Energia elétrica consumida na fábrica	20.000,00
Material consumido pelo pessoal administrativo	12.500,00
Frete pago pelas vendas realizadas	7.500,00
Total	**476.000,00**

O consumo de matéria-prima dispõe de controle efetuado por meio de um sistema de requisições e, durante o referido mês, apresenta a seguinte separação entre os produtos:

Tabela 3.5 – Gastos de matéria-prima por produto

Produtos	Valor (R$)
Produto Simples	115.000,00
Produto Complexo	150.000,00
Total	**265.000,00**

Já os apontamentos de mão de obra realizados pela fábrica indicam um valor de mão de obra indireta de R$ 15.000,00 e mão de obra direta de R$ 40.000,00, sendo que para o produto Complexo foi identificado o valor de R$ 22.500,00 e para o produto Simples foi identificado o valor de R$ 17.500,00.

Para que todos os componentes de custos possam ser bem identificados, devem ser separados os custos de produção e as despesas do período. As despesas, por serem transferidas diretamente para o resultado, não precisam sofrer qualquer rateio. Sendo assim, os valores de despesa são representados pelos componentes representados na tabela a seguir.

Tabela 3.6 – Gastos classificados como despesas

Gasto	Valor (R$)
Seguro do prédio da administração	7.500,00
Honorários pagos aos membros da diretoria	25.000,00
Gastos com correspondências	2.500,00
Comissões sobre vendas	5.000,00
Juros incorridos por financiamentos	7.500,00
Gastos com veículos de vendedores	6.000,00
Material consumido pelo pessoal administrativo	12.500,00
Frete pago pelas vendas realizadas	7.500,00
Total	**73.500,00**

Como sabemos que o valor de R$ 73.500,00 não se refere a custo produtivo, ele deve ser completamente levado para resultado, sem receber qualquer rateio.

Como já identificamos, tudo o que não tem ligação com o processo de produção dos produtos Simples e Complexo, o que sobra tem vínculo com a fabricação deles e está evidenciado na tabela a seguir.

Tabela 3.7 – Gastos classificados como custos

Gasto	Valor (R$)
Depreciação da fábrica	32.500,00
Mão de obra (direta + indireta)	55.000,00
Matéria-prima consumida na produção	265.000,00
Seguro da fábrica	12.500,00
Gastos com manutenção da fábrica	17.500,00
Energia elétrica consumida na fábrica	20.000,00
Total	**402.500,00**

Nesse momento, já conseguimos identificar a parcela dos gastos totais que são despesas (R$ 73.500,00) e que são custos de produção (R$ 402.500,00), ambos totalizando R$ 476.000,00.

Quando chegamos a esse momento, conseguimos identificar quais são os custos diretos de produção, ou seja, aqueles associados diretamente aos produtos Simples e Complexo. Os dois itens de custo que apresentam essa característica de poderem ser associados diretamente são a matéria-prima e os custos com mão de obra.

Tabela 3.8 – Custos diretos

Descrição	Valor (R$)
Matéria-prima do produto Simples	115.000,00
Mão de obra direta do produto Simples	17.500,00
Total de custos diretos do produto Simples	132.500,00
Matéria-prima do produto Complexo	150.000,00
Mão de obra direta do produto Complexo	22.500,00
Total de custos diretos do produto Complexo	172.500,00

É nesse momento que acontece a ocorrência-chave para que os custos tenham valores que representem a realidade, que é a definição do critério de rateio que será utilizado na apropriação dos CIPs para os dois produtos, o Simples e o Complexo. Sendo utilizado arbitrariamente como melhor critério a proporcionalidade do custo direto total incorrido, os valores de CIPs serão distribuídos aos dois produtos. É necessário verificar a proporcionalidade de cada produto em relação ao total. Vejamos na tabela a seguir.

Tabela 3.9 – Definição dos valores de CIPs alocados aos produtos

Descrição	**Valor (R$)**	**Fator proporcional**
Custos diretos totais do produto Simples	132.500,00	43%
Custos diretos totais do produto Complexo	172.500,00	57%
Custos diretos totais dos dois produtos	305.000,00	100%

Devemos identificar quais são os CIPs que precisam ser rateados aos produtos. Vamos a eles:

Tabela 3.10 – Custos indiretos a serem rateados

Descrição	**Valor (R$)**
Depreciação da fábrica	32.500,00
Salário dos operários da fábrica	15.000,00, porque dos R$ 55.000,00 originais, R$ 40.000,00 já foram associados aos produtos
Seguro da fábrica	12.500,00
Manutenção da fábrica	17.500,00
Energia elétrica da fábrica	20.000,00
Total	**97.500,00**

Quando calculamos a proporcionalidade de cada produto, devemos identificar que o produto Complexo receberá 57% dos CIPs totais e o produto Simples receberá o restante, que corresponde a 43%. O produto Complexo ficará com R$ 55.575,00 e, o produto Simples, com R$ 41.925,00.

Com esses últimos valores definidos, podemos identificar o total dos custos para cada produto fabricado.

Tabela 3.11 – Custos totais por produto fabricado, em reais

Produto	Matéria--prima	Mão de obra direta	Custos indiretos de produção	Total
Simples	115.000,00	17.500,00	41.925,00	174.425,00
Complexo	150.000,00	22.500,00	55.575,00	228.075,00
Total	**265.000,00**	**40.000,00**	**97.500,00**	**402.500,00**

É fácil notar que, após definido o critério para a distribuição dos CIPs aos produtos, o produto Simples ficou com um custo total de R$ 174.425,00 e o produto Complexo ficou com um custo total de R$ 228.075,00, pois o valor dos CIPs foi distribuído com base nos custos diretos, que são a matéria-prima e a mão de obra. E se utilizássemos outro critério? Será que poderíamos encontrar valores de custos tão distintos?

Vamos trabalhar agora com a distribuição dos CIPs considerando outro critério para rateio, que são as **horas trabalhadas na fabricação de cada produto**. Para os cálculos, após serem realizados os apontamentos das horas produtivas por parte da entidade, foram encontrados os totais de 30 horas para o produto Simples e 50 horas para o produto Complexo.

Considerando a proporcionalidade que cada produto teve com as horas produtivas, o total de 80 horas é a referência. Fazendo a comparação de 30 horas com 80 horas no produto Simples, identificamos um valor aproximado de 37%; e a comparação de 50 horas com 80 horas no produto Complexo gera um percentual de participação na distribuição dos CIPs de aproximadamente 63%.

Como sabemos, os valores totais de CIPs não se alteram, sendo mudados apenas os critérios de distribuição dos valores que foram consumidos durante a fabricação dos produtos.

A tabela a seguir apresenta a nova distribuição dos CIPs, mas com base na quantidade de horas gastas na produção de cada produto e não mais com base nos custos diretos, conforme vimos no primeiro momento.

Tabela 3.12 – Definição dos valores de CIPs alocados aos produtos com base nas horas totais trabalhadas

Descrição	Valor (R$)	Fator proporcional
Custos indiretos totais do produto Simples	36.075,00	37%
Custos indiretos totais do produto Complexo	61.425,00	63%
Custos diretos totais dos dois produtos	97.500,00	100%

Depois de realizado o novo cálculo de custos indiretos para cada produto distinto, podemos calcular os novos custos totais por produto. Observe que os valores de matéria-prima e mão de obra direta não se alteram, pois a mudança apenas ocorreu no critério de rateio dos CIPs e, consequentemente, nos valores distribuídos aos produtos.

Tabela 3.13 – Custos totais por produto fabricado com base no critério novo, em reais

Produto	Matéria--prima	Mão de obra direta	Custos indiretos de produção	Total
Simples	115.000,00	17.500,00	61.425,00	193.925,00
Complexo	150.000,00	22.500,00	36.075,00	208.575,00
Total	**265.000,00**	**40.000,00**	**97.500,00**	**402.500,00**

Da mesma forma, os valores totais gastos não são alterados, permanecendo no montante de R$ 402.500,00, mas se compararmos os custos totais por produto podemos identificar uma diferença entre os valores dos produtos Simples e Complexo, que é consequência da mudança no critério de rateio dos CIPs.

Tabela 3.14 – Custos totais por produto nos dois critérios de rateio, em reais

Produto	Custo total com base nos custos diretos	Custo total com base nas horas produtivas	Diferença absoluta	Diferença percentual
Simples	174.425,00	193.925,00	19.500,00	11,18%
Complexo	228.075,00	208.575,00	–19.500,00	–8,54%

As diferenças absolutas, que são de R$ 19.500,00, são idênticas entre os dois critérios, pois quando se tira o valor de um produto, ele é automaticamente distribuído para o outro. No entanto, a diferença percentual não é a mesma, pois a base de comparação é o custo total, que utilizou o critério de rateio dos custos diretos. Quando comparamos o mesmo valor com montantes distintos, há a diferença percentual encontrada entre os dois produtos, mas devemos ter em mente que não foi nada gasto a mais, nem no primeiro, nem no segundo momento. Todos os valores são os mesmos, apenas analisados com base em critérios distintos.

Podemos concluir que os custos totais que a empresa incorreu durante aquele período são os mesmos sob qualquer análise realizada, mas os custos totais associados a cada produto podem ser diferentes, dependendo do critério de rateio dos CIPs.

As diferenças encontradas entre os dois critérios não chegaram a ser tão elevadas, mas, se o critério de rateio for muito distinto, pode gerar problemas de precificação ainda no curto prazo, inviabilizando as operações e a continuidade operacional da entidade (Martins, 2010).

Na prática, qualquer critério pode ser utilizado como base para o rateio dos CIPs, mas a escolha deve levar em consideração toda a estrutura da empresa, além dos interesses dos diversos setores existentes. Questões orçamentárias também podem influenciar, pois pode ser direcionada uma maior ou menor parcela de recursos para um departamento com base nos custos que ele consome.

Alguns dos critérios mais comumente utilizados como rateio dos CIPs são a área da fábrica para os valores do aluguel do galpão industrial, o valor das máquinas produtivas para os seguros e para a depreciação delas e a área utilizada para os gastos com energia elétrica, entre outros.

Não há impedimento para o uso de diferentes critérios para cada componente dos CIPs. O ideal é que todos os valores sejam distribuídos com base em critérios que tragam uma melhor precificação para os produtos e mantenham as operações da entidade de maneira perene. O mercado e os concorrentes são boas referências para a conferência e a exatidão dos valores, pois se os custos de determinado produto já são maiores que os valores de venda praticados por alguns concorrentes, significa que a precificação está falhando como processo gerencial.

Exercícios resolvidos

1. **A Fábrica S.A. produz três tipos de camisas: a simples, a luxo e a superluxo. Os gastos realizados estão especificados na tabela a seguir:**

Tabela 3.15 Componentes de custos dos produtos

Produto	Custo direto unitário total (R$)	Horas de mão de obra
Simples	10,00	0,2
Luxo	20,00	0,5
Superluxo	40,00	1,0

Como informação complementar, tem-se que os custos indiretos de produção foram de R$ 2.200,00 e estão rateados de acordo com o custo direto unitário total de cada produto e foram produzidas 100 unidades de cada camisa. Qual é o valor unitário de cada camisa fabricada?

Os custos são R$ 13,14, R$ 26,28 e R$ 52,57, respectivamente, para as camisas simples, luxo e superluxo. Como a base para o rateio dos R$ 2.200,00 é o custo direto unitário total, ficou 14% para a camisa simples, 28% para a camisa luxo e 57% aproximadamente para a camisa superluxo. Os valores rateados foram R$ 314,29, R$ 628,57 e R$ 1.257,14, respectivamente, para 100 unidades de simples, luxo e superluxo. Para cada camisa de maneira unitária, os valores de custos indiretos de produção são R$ 3,14, R$ 6,28 e R$ 12,57 respectivamente para as camisas simples, luxo e superluxo. Com isso, os valores de custos indiretos de produção são somados aos custos diretos unitários, de R$ 10, R$ 20 e R$ 40, respectivamente, para simples, luxo e superluxo. O valor final é R$ 13,14, R$ 26,28 e R$ 52,57, respectivamente, para as camisas simples, luxo e superluxo.

2. **A tabela a seguir apresenta a listagem de gastos incorridos por uma entidade em determinado período para a produção de um único produto:**

Tabela 3.16 – Gastos incorridos

Gasto	Valor (R$)
Mão de obra indireta	104.000,00
Salário dos operadores de máquinas produtivas	150.000,00
Energia elétrica do escritório administrativo	6.000,00
Salário dos vigilantes da fábrica	27.000,00
Embalagens utilizadas no processo produtivo	2.000,00
Salário do escritório de vendas	2.500,00
Matéria-prima consumida	47.000,00
Aluguel da fábrica	12.500,00
Energia elétrica da fábrica	4.000,00
Depreciação dos veículos de entrega	6.000,00

Com base nessas informações, qual é o valor do custo total e da despesa total do período?

Os custos totais somam R$ 346.500,00 e as despesas totais somam R$ 14.500,00. Para respondermos a essa pergunta, utilizamos os conceitos de *custo* e *despesa*. O primeiro está ligado à produção, e o segundo não. Com base nisso, apenas os gastos com a energia elétrica do escritório administrativo (R$ 6.000,00), com salário do escritório de vendas (R$ 2.500,00) e com a depreciação dos veículos de entrega (R$ 6.000,00) são considerados despesas. Todos os outros gastos incorridos devem ser corretamente classificados como custos, totalizando R$ 346.500,00.

3. **Na maioria dos países, inclusive no Brasil, a economia apresenta estrutura inflacionária. Essa é uma das razões que levam o Brasil a não aceitar a utilização do critério Ueps como base para a mensuração dos estoques e, consequente, apuração do resultado e recolhimento de tributos. Considerando que a situação econômica do Brasil se invertesse e passássemos a viver em um regime deflacionário, qual seria a tendência em relação à permissão para utilização do critério Ueps?**

A tendência seria que o governo passasse a permitir o uso do Ueps na mensuração dos estoques e proibisse o Peps. Como a dinâmica de compras e estocagem no Peps e no Ueps é invertida, em um regime deflacionário os últimos a serem adquiridos seriam os primeiros a serem baixados no Ueps, ou seja, os mais baixos. Isso geraria um resultado maior e, consequentemente, uma base tributável mais elevada. No caso do Peps, em deflação, o raciocínio é invertido, ou seja, gera menor arrecadação tributária.

4. **Considerando o processo de distribuição dos custos indiretos de fabricação, a depreciação de um equipamento industrial distribuída para dois produtos A e B, ambos utilizados durante o processo produtivo, é realizada de maneira mais objetiva e específica de que maneira? Por quê?**

Considerando o tempo de produção gasto para os produtos A e B ou a quantidade total produzida de A e B. Esses dois critérios são os menos objetivos, pois deve ser considerado que os dois produtos não têm muita diferença em relação aos processos produtivos; prova disso é que podem ser produzidos por uma mesma máquina sem prejuízo da qualidade final.

5. **Uma indústria de produtos de banho é dedica-se à produção de sabonetes infantis, sabonetes masculinos e sabonetes femininos. Algumas investigações prévias identificaram que a melhor maneira de distribuição dos custos indiretos de fabricação seria o uso da proporcionalidade das horas de mão de obra direta. Também é sabido que o valor total de custos indiretos de produção em determinado intervalo de tempo é de R$ 200.000,00. A tabela a seguir mostra os dados adicionais que deverão ser utilizados para a resolução.**

Tabela 3.17 – Custos diretos dos produtos

Produto	**Custos diretos (R$)**	**Horas de mão de obra (em %)**
Sabonetes infantis	100.000,00	20
Sabonetes masculinos	200.000,00	45
Sabonetes femininos	150.000,00	35
Total	**450.000,00**	**100**

Com base nesses dados, qual é o custo total de cada sabonete?

Os custos totais são R$ 140.000,00 para os sabonetes infantis, R$ 290.000,00 para os sabonetes masculinos e R$ 220.000,00 para os sabonetes femininos. Os cálculos para se chegar aos valores de custos indiretos de produção rateados para cada sabonete seguem na tabela a seguir, evidenciando os valores percentuais aplicados ao valor de R$ 200.000,00.

Tabela 3.18 – Custos totais dos produtos, em reais

Produto	**Custos diretos**	**Custos indiretos**	**Custos totais**
Sabonetes infantis	100.000,00	40.000,00 (20% de R$ 200.000,00)	140.000,00
Sabonetes masculinos	200.000,00	90.000,00 (45% de R$ 200.000,00	290.000,00
Sabonetes femininos	150.000,00	70.000,00 (35% de R$ 200.000,00)	220.000,00
Total	**450.000,00**	**200.000,00**	**650.000,00**

4

A departamentalização e a influência nos custos

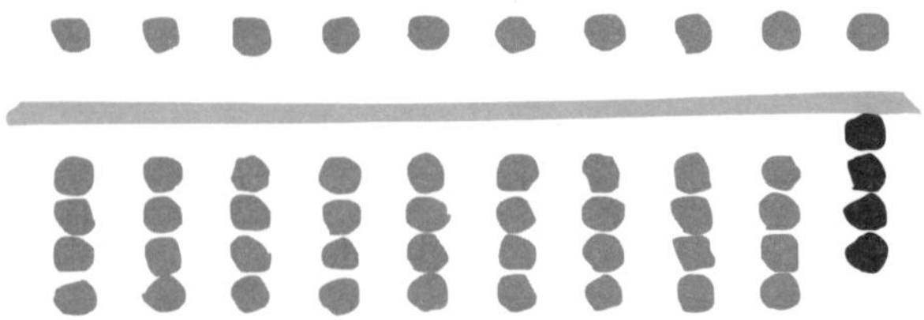

Conteúdos do capítulo:

- A departamentalização e a influência nos custos.
- Conceito de departamentalização.
- Rateio dos custos dos departamentos.
- Importância da consistência dos critérios.

Após o estudo deste capítulo, você será capaz de:

1. compreender o conceito de departamentalização;
2. analisar o rateio dos custos dos departamentos;
3. identificar a importância da consistência dos critérios.

A departamentalização é um processo que deixa a distribuição dos custos indiretos de produção mais racional e menos subjetiva, pois trata com mais detalhe todos os itens, quase de maneira exclusiva. No entanto, o processo não é tão simples de ser colocado em prática.

Há de se identificar quais são os departamentos auxiliares e produtivos e, na sequência, iniciar as distribuições entre os setores até que todos os departamentos auxiliares tenham os valores de custos indiretos direcionados aos departamentos produtivos.

O último passo é a distribuição para os produtos, gerando uma informação mais confiável e menos arbitrária, além de respeitar integralmente as normas fiscais e societárias com a continuidade dos critérios, o que também pode atrair mais investidores. Decisões equivocadas também passam a ser menos frequentes, pois a informação tomada como base é mais confiável.

4.1 Conceito de departamentalização

A correta ou menos incoerente apropriação dos custos indiretos de produção aos produtos fabricados sempre é um problema, principalmente para as maiores indústrias ou por empresas que contam com atividades com maior nível de complexidade. Uma possível alternativa para fugir da subjetividade dos rateios é a departamentalização (Martins, 2010).

Por mais que os diretores de área tenham conversado entre si e concordado que um ou outro critério de rateio para os custos indiretos de produção são considerados válidos, a arbitrariedade ainda estará presente, pois os produtos só absorvem de maneira direta os gastos como mão de obra direta e insumos produtivos, ficando o restante para um segundo momento (Ribeiro, 2017).

Perguntas & respostas

A distribuição dos custos indiretos de produção é um dos fatores mais preocupantes para a correta identificação dos custos operacionais. Com relação a isso, como a departamentalização pode ajudar se comparada com uma estrutura não departamentalizada?

O maior detalhamento dos gastos e a associação deles com os departamentos gera menos arbitrariedade e subjetividade na distribuição dos valores aos produtos. A consequência é que menos decisões equivocadas são tomadas, o que aumenta a perenidade e a força dos negócios dentro do mercado em que atua.

Dessa forma, buscou-se uma maneira mais lógica, aceita e objetiva para que os valores de custos indiretos de fabricação pudessem ser distribuídos aos produtos de maneira mais correta. Essa forma encontrada foi a departamentalização. Mas o que vem a ser a *departamentalização* e como ela pode ser colocada em prática em uma indústria, por exemplo? É o que nós vamos ver a partir de agora!

Imaginemos uma indústria que beneficie matéria-prima e produza três produtos distintos: A, B e C. Deixaremos mais simplificado para que a compreensão possa ser facilitada. Considerando os gastos já identificados, os custos diretos para cada um dos produtos já foram mapeados e registrados, sendo evidenciados conforme a tabela a seguir.

Tabela 4.1 – Custos diretos por produto

Produtos	Custos diretos (R$)
A	250.000,00
B	150.000,00
C	225.000,00
Total	**625.000,00**

Essa mesma indústria também registrou seus custos indiretos de produção de acordo com as características apresentadas por cada gasto, sempre que foi possível fazer essa identificação.

Tabela 4.2 – Custos indiretos de produção

Natureza do gasto	Custos indiretos (R$)
Depreciação de equipamentos	100.000,00
Manutenção de equipamentos	175.000,00
Energia elétrica	150.000,00
Supervisão da fábrica	50.000,00
Outros custos indiretos	100.000,00
Total	**575.000,00**

Se analisarmos os custos indiretos de produção registrados na tabela anterior, podemos identificar que grande parte da ocorrência deles é associada aos equipamentos produtivos, sendo a depreciação, a manutenção e a energia os valores correspondentes. Com base nessa observação, chega-se à conclusão de que todos os custos indiretos de produção devem ser distribuídos aos produtos com base na quantidade de horas-máquina que cada um consome ao todo.

Tabela 4.3 – Quantidade de horas-máquina

Produtos	**Horas-máquina**	**Valor percentual**
A	400	40%
B	200	20%
C	400	40%
Total	**1.000**	**100%**

Seguindo o raciocínio que já tomamos como referência para a composição dos custos totais, aos custos diretos de cada produto deve ser somada a parcela proporcional de custos indiretos de produção de acordo com os percentuais identificados na tabela anterior.

Tabela 4.4 – Custos totais por produto, em reais

Produtos	**Custos indiretos**	**Custos diretos**	**Custos totais**
A	230.000,00	250.000,00	480.000,00
B	115.000,00	150.000,00	265.000,00
C	230.000,00	225.000,00	455.000,00
Total	**575.000,00**	**625.000,00**	**1.200.000,00**

Os valores de custos totais por produto, sendo R$ 480.000,00 para A, R$ 265.000,00 para B e R$ 455.000,00 para C estão corretos do ponto de vista do procedimento do rateio; no entanto, se forem analisados os departamentos produtivos com mais profundidade, pode ser identificada uma grande disparidade entre o que foi gasto de hora-máquina e o tipo de atividade que é desempenhada por cada uma dessas máquinas.

Na prática, são três setores diferentes: corte, montagem e acabamento. Adicionalmente, sabe-se que o produto B só passa pelo setor de corte, não sendo necessário montagem e acabamento para ele e o produto C não passa pelo setor de corte, passando pelos setores de montagem e acabamento, sendo o inverso do produto B. O produto A é o único que tem suas atividades demandando os serviços dos setores de corte, montagem e acabamento, conforme os dados apontados pela empresa.

Tabela 4.5 – Horas-máquina (h-m) por produto e por setor

Produtos	**Corte**	**Montagem**	**Acabamento**	**Total**
A	100	50	250	400
B	200	–	–	200
C	–	250	150	400
Total	**300**	**300**	**400**	**1.000**

Para completar a informação e atestar que o registro dos gastos como se fossem uniformes dentro dos setores não é o mais apropriado, os apontamentos dos custos indiretos de produção indicam que há diferenças entre os valores gastos por cada setor de maneira independente.

Tabela 4.6 – Horas-máquina e custos indiretos de produção, em reais

Gasto	**Corte**	**Montagem**	**Acabamento**	**Total**
Depreciação	50.000,00	15.000,00	35.000,00	100.000,00
Manutenção	100.000,00	15.000,00	60.000,00	175.000,00
Energia	30.000,00	20.000,00	100.000,00	150.000,00
Supervisão	25.000,00	10.000,00	15.000,00	50.000,00
Outros	20.000,00	15.000,00	65.000,00	100.000,00
Total	**225.000,00**	**75.000,00**	**275.000,00**	**575.000,00**
Custo médio por hora-máquina	225.000 ÷ 300 h-m = R$ 750/h-m	75.000,00 ÷ 300 h-m = R$ 250/h-m	275.000 ÷ 400 h-m = R$ 687,50/h-m	575.000 ÷ 1.000 h-m = R$ 575/h-m

Nós podemos identificar que o trabalho é maior, pois devem ser considerados todos os setores produtivos para que a distribuição seja mais racional, mas os resultados se apresentam muito mais aceitáveis do que simplesmente se utilizar um critério arbitrário e subjetivo, por mais que tenha sido discutido com todos os membros da diretoria. Vamos verificar como fica a nova estrutura de custos totais por produto.

Tabela 4.7 – Custos totais com base na participação setorial, em reais

Produtos	Corte	Montagem	Acabamento	Total
A	100 × 750,00 = 75.000,00	50 × 250,00 = 12.500,00	250 × 687,50 = 171.875,00	259.375,00
B	200 × 750,00 = 150.000,00	–	–	150.000,00
C	–	250 × 250,00 = 62.500,00	150 × 687,50 = 103.125,00	165.625,00
Total	**225.000,00**	**75.000,00**	**275.000,00**	**575.000,00**

Agora é possível fazermos a comparação dos valores de custos totais encontrados no primeiro critério, que era o rateio normal, e o segundo, que era a consideração do impacto que cada setor exercia na produção. Vejamos na tabela a seguir as diferenças encontradas.

Tabela 4.8 – Diferenças nos custos indiretos de produção, com e sem a departamentalização, em reais

Produtos	Sem departamentalização	Com departamentalização	Diferença
A	230.000,00	259.375,00	29.375,00
B	115.000,00	150.000,00	35.000,00
C	230.000,00	165.625,00	64.375,00
Total	**575.000,00**	**575.000,00**	–

Se direcionarmos nossa atenção para a terceira coluna, verificamos que há uma diferença no produto B de R$ 35.000,00, o que dá mais de 25% do custo total apurado sem departamentalização. No entanto, é importante observarmos que a departamentalização não eliminou os problemas e os erros. Apenas os atenuou, mostrando uma forma mais racional e eficiente para a apuração dos custos indiretos de fabricação e destinação a cada produto específico.

Perguntas & respostas

Quando se opta pela departamentalização, os problemas são reduzidos, mas não eliminados. Onde esses problemas ainda persistem?

As arbitrariedades são reduzidas, mas continuam ativas, haja vista que todo negócio é único e encara alterações permanentes. Mesmo que uma decisão tenha sido tomada e seja julgada a melhor em termos de redirecionamento de custos, ela não será eterna. Revisões periódicas necessitam ser feitas para que os bons resultados se mantenham por um período de tempo maior.

A principal vantagem encontrada quando se utiliza a departamentalização não está apenas no fato de se encontrar um valor distinto para os custos indiretos de produção para cada produto distinto, e sim no fato de que alguns problemas que poderiam ser encontrados junto à concorrência por um processo inadequado de precificação serão reduzidos com a aplicação da estrutura departamentalizada (Martins, 2010).

Conceitualmente, o que vem a ser um setor ou um departamento? Para que a estrutura departamentalizada possa ser utilizada, tal como acabamos de efetuar os cálculos dos custos dos produtos com base nas horas-máquinas gastas em cada setor, é necessário que essas estruturas administrativas estejam formalmente constituídas e ligadas à contabilidade de custos. São unidades internas das empresas e são representadas por homens e máquinas, geralmente desenvolvendo atividades homogêneas.

É chamada *unidade mínima administrativa* porque sempre necessita de uma pessoa responsável por ela, ou pelo menos é o que deveria ocorrer quando se dispõe de uma estrutura física que o permita. A contabilidade também é utilizada como um instrumento de controle quando utilizamos os setores ou departamentos como referência.

Analisando com mais profundidade cada tipo de departamento, há também a possibilidade de existência de setores que apenas disponham de máquinas, os que apenas contem com homens ou, ainda, homens e máquinas ao mesmo tempo. Exemplos são os de montagem, pintura, manutenção e administração geral da fábrica, entre outros possíveis.

> Não podemos nos esquecer dos departamentos que servem apenas para auxiliar a parte produtiva, não sendo essenciais para o processo produtivo, mas importantes no contexto geral da empresa. Esses são denominados *departamentos de serviços*, enquanto os demais são chamados *departamentos de produção*.

Os departamentos de produção também podem ser chamados *departamentos produtivos* e apresentam todos os custos incorridos destinados diretamente aos produtos fabricados, tendo muitas vezes sua adesão à estrutura física dos produtos, como as matérias-primas. Assim, um departamento de produção será o responsável por transformar um insumo qualquer em uma parte ou no próprio produto fabricado.

Os departamentos de serviços também podem ser chamados *departamentos auxiliares*, mas também podem ser equivocadamente chamados *departamentos não produtivos*, pois não estão ligados à produção. Mas o fato é que eles produzem, embora não sejam os produtos a serem comercializados (Viceconti; Neves, 2018).

Pensando nos custos incorridos pelos departamentos auxiliares, como não vão diretamente aos produtos, precisam antes ser direcionados para os departamentos produtivos para, então, serem transferidos para os produtos.

Mas há outro conceito além do departamento, que é o centro de custos. E o que vem a ser um centro de custos? Trata-se de uma parte de uma empresa responsável por acumular os custos indiretos de produção e transferi-los, na sequência, para os departamentos de produção ou para outros departamentos ou centros de custos.

Também é possível que haja vários centros de custos em um único departamento. Por isso, é um equívoco afirmar que todo centro de custos é um departamento dentro da estrutura empresarial.

4.2 Rateio dos custos dos departamentos

O que vimos até agora refere-se exclusivamente à distribuição dos custos incorridos pelos departamentos produtivos diretamente para os produtos, mas sabemos que uma empresa, neste caso, uma indústria, não funciona apenas com custos operacionais. Há custos diversos que não possuem ligação direta com a produção, mas auxiliam o processo produtivo como um todo.

Perguntas & respostas

Em uma estrutura departamentalizada, há duas divisões em relação aos departamentos. Quais são elas e sua importância?

Os departamentos são divididos em auxiliares e produtivos. Os auxiliares têm a responsabilidade de transferir valores para os produtivos e, na sequência, para os produtos. Essa divisão é importante para que se consiga identificar os valores mais reais quanto forem possíveis para os produtos fabricados. Quanto mais proximidade com as atividades da entidade, mais próximos da realidade esses valores serão identificados.

Para exemplificar, vamos analisar algumas situações de setores, chamados *departamentos* neste caso, que apresentam custos não ligados aos produtos, mas pertencentes aos processos produtivos, como os custos de administração geral da fábrica. Vamos iniciar com os dados dessa segunda situação hipotética.

Tabela 4.9 – Custos indiretos de produção, em reais

Descrição	**Custo**
Aluguel da fábrica	300.000,00
Energia elétrica	180.000,00
Materiais indiretos	120.000,00
Mão de obra indireta	700.000,00
Depreciação das máquinas	140.000,00
Total	**1.440.000,00**

Agora que sabemos quais são os custos indiretos de produção que precisam ser distribuídos, é necessário que sejam alocados a cada setor específico. Depois de ter sido realizada uma pesquisa específica para a identificação dos custos e dos respectivos departamentos, foram verificadas as seguintes características:

- **Aluguel da fábrica**: esse custo diz respeito a toda a fábrica e é necessário um critério para que os valores sejam distribuídos aos departamentos. A alocação será realizada para o departamento de administração geral.
- **Energia elétrica**: como ocorre em muitas estruturas industriais, a entidade possui dois medidores de consumo, sendo um específico para a produção e outro para o restante da empresa. Dessa forma, alguns dos valores consumidos já vão diretamente para os departamentos produtivos, mas outros deverão sofrer um rateio departamental. A discriminação dos valores vai na sequência.

Tabela 4.10 – Gastos com energia elétrica por departamento, em reais

Descrição	Custo
Departamento de usinagem	60.000,00
Departamento de cromagem	20.000,00
Departamento de montagem	20.000,00
Valores a ratear	80.000,00
Total	**180.000,00**

- **Materiais indiretos**: como a empresa conta com um sistema de requisições para os materiais indiretos, fica fácil identificar a parcela que pertence a cada departamento específico. Os valores são apresentados na sequência.

Tabela 4.11 – Gastos com materiais indiretos por departamento, em reais

Descrição	Custo
Departamento de administração geral	36.000,00
Departamento de almoxarifado	20.000,00
Departamento de usinagem	12.000,00
Departamento de cromagem	8.000,00
Departamento de montagem	16.000,00
Departamento de controle de qualidade	10.000,00
Departamento de manutenção	18.000,00
Total	**120.000,00**

- **Mão de obra indireta**: tanto o controle do livro-ponto como os apontamentos de serviços realizados pelos funcionários fazem com que os valores de mão de obra indireta não apresentem dificuldades para serem associados aos departamentos em questão.

Tabela 4.12 – Gastos com mão de obra indireta, em reais

Descrição	**Custo**
Salários e encargos da administração geral	160.000,00
Salários e encargos do almoxarifado	120.000,00
Salários e encargos da supervisão da usinagem	80.000,00
Salários e encargos da supervisão da cromagem	60.000,00
Salários e encargos da supervisão da montagem	100.000,00
Salários e encargos do controle de qualidade	60.000,00
Salários e encargos da manutenção	120.000,00
Total	**700.000,00**

- **Depreciação das máquinas**: a produção é toda realizada com controle de tempo para cada lote fabricado. Dessa forma, é relativamente simples identificar qual é a parcela destinada a cada departamento específico.

Tabela 4.13 – Gastos com depreciação, em reais

Descrição	**Custo**
Depreciação de computadores e móveis	16.000,00
Depreciação de máquinas de usinagem	42.000,00
Depreciação de máquinas de cromagem	26.000,00
Depreciação de máquinas da montagem	4.000,00
Depreciação de máquinas do controle de qualidade	20.000,00
Depreciação de máquinas da manutenção	32.000,00
Total	**140.000,00**

Depois de terem sido realizadas todas as identificações dos valores de custos indiretos de produção, é necessário que tudo seja unificado em uma tabela.

Tabela 4.14 – Custos indiretos de produção por departamentos auxiliares e produtivos, em reais

Custos indiretos	Adm. geral	Almoxarifado	Controle de qualidade	Manutenção	Usinagem	Cromagem	Montagem	Total
Aluguel	300.000	–	–	–	–	–	–	300.000
Energia elétrica	80.000	–	–	–	60.000	20.000	20.000	180.000
Materiais indiretos	36.000	20.000	10.000	18.000	12.000	8.000	16.000	120.000
MOI	160.000	120.000	60.000	120.000	80.000	60.000	100.000	700.000
Depre-ciação	16.000	–	20.000	32.000	42.000	26.000	4.000	140.000
Total	**592.000**	**140.000**	**90.000**	**170.000**	**194.000**	**114.000**	**140.000**	**1.440.000**

Não deve haver qualquer dúvida de que os valores relativos aos custos diretos não são considerados nesse cálculo justamente pelo fato de que eles são diretamente associados aos produtos, sem a necessidade de qualquer critério subjetivo para tal.

Aqui, a tabela mostra todos os custos indiretos de produção, mas alguns dos departamentos evidenciados não recebem os produtos fabricados de maneira física, apenas auxiliando no processo. Na situação hipotética que estamos analisando, esses departamentos são os de administração geral, almoxarifado, controle de qualidade e manutenção.

Perguntas & respostas

Se o valor de custo de um produto qualquer for calculado de maneira equivocada, com um valor menor do que o correto, o que pode ocorrer em termos gerenciais?

A entidade pode precificar o valor de venda de maneira equivocada, deixando um produto com valor mais baixo do que o correto. Como o fator que regula o preço é o próprio mercado, a simples aplicação da margem de lucro desejada, quando possível, não trará um produto necessariamente bem precificado. É necessário que se acompanhe diuturnamente os preços dos concorrentes para que uma validação possa ser feita em relação aos preços praticados ao consumidor final.

Quando for iniciada a distribuição dos custos relacionados a esses departamentos auxiliares, alguns poderão, em um primeiro momento, ficar sem custos associados a eles, ao passo que outros podem ter seus valores aumentados. Apenas para exemplificar nosso caso hipotético, os custos que estão inicialmente como *manutenção*, ao serem distribuídos, passarão a integrar parte dos custos totais de almoxarifado. Isso pode ocorrer não somente com um departamento, mas com vários sem inviabilizar a confiabilidade e a dinâmica do processo de transferência de valores.

A ideia principal desse processo é facilitar a distribuição, fazendo com que os departamentos auxiliares distribuam os valores entre si, mas não os recebam de volta. Em um segundo momento, quando todos os custos dos departamentos auxiliares estiverem centralizados em apenas um departamento auxiliar, ele fará a última distribuição para os departamentos produtivos. Estes, por sua vez, dispõem de critérios mais objetivos e claros para a alocação de valores aos produtos finais, conforme vimos anteriormente em dados apresentados nas tabelas (Martins, 2010).

Antes de iniciar as distribuições propriamente ditas, é necessário compreender como o processo ocorrerá. Partindo do departamento de administração geral da fábrica, ele distribuirá os custos aos demais departamentos. Por mais que ele possa receber serviços dos outros departamentos, a principal relação é de ajuda. Dessa forma, por possuir o maior valor a ser distribuído, merece atenção especial.

Na sequência, o departamento de manutenção terá os custos distribuídos aos outros dois departamentos auxiliares restantes, que são almoxarifado e controle de qualidade. Isso porque a manutenção mais presta do que recebe serviços desses dois departamentos. E, embora também preste serviços ao departamento de administração geral, o valor não tem materialidade suficiente para ser considerado no processo de transferência de custos. Além disso, o departamento de administração geral, depois de ter transferido seus valores aos outros departamentos auxiliares, não receberá mais valores de volta.

O penúltimo departamento auxiliar a ter os valores distribuídos será o almoxarifado, que, embora também preste serviços para outros departamentos já zerados, apenas distribuirá os valores ao departamento de controle de qualidade, que é o único departamento auxiliar que ainda recebe valores.

O último departamento auxiliar a ter os valores transferidos, agora para os departamentos produtivos, é o de controle de qualidade. Embora outros departamentos auxiliares tenham utilizado os serviços de controle de qualidade, apenas os departamentos produtivos receberão os valores, pois continuamos seguindo a sequência de distribuição (Ribeiro, 2017).

Agora que já sabemos qual é a sequência de distribuição, devemos identificar os detalhes operacionais de cada departamento, para que possamos distribuir as ocorrências de custos da maneira mais apropriada possível.

Vamos começar com a distribuição dos custos indiretos de produção da administração geral da fábrica. Como são várias ocorrências distintas, não é aconselhado que seja utilizado um único critério de rateio para que os R$ 592.000,00 sejam distribuídos aos outros departamentos. Vamos iniciar com o detalhamento da distribuição dos gastos de aluguel, que terá os valores distribuídos com base na área que cada departamento ocupa. Como a intenção é distribuir aos outros departamentos, a área ocupada pelo departamento de administração geral da fábrica foi excluída do cálculo para que se evitasse uma distribuição dos valores para o próprio departamento. Com base nas áreas dos outros departamentos, os valores ficaram distribuídos da seguinte maneira:

Tabela 4.15 – Distribuição dos valores de aluguel, em reais

Descrição	**Custo**
Almoxarifado	40.000,00
Usinagem	60.000,00
Cromagem	40.000,00
Montagem	80.000,00
Controle de qualidade	30.000,00
Manutenção	50.000,00
Total	**300.000,00**

A segunda distribuição é a dos valores de energia, que totalizam R$ 80.000,00. com base nos apontamentos realizados e na conferência das horas consumidas por cada departamento, a distribuição ficou assim evidenciada:

Tabela 4.16 – Gastos com energia elétrica

Descrição	**Custo**
Almoxarifado	12.000,00
Usinagem	8.000,00
Cromagem	4.000,00
Montagem	14.000,00
Controle de qualidade	16.000,00
Manutenção	26.000,00
Total	**80.000,00**

Os três últimos itens a serem retirados do departamento de administração geral da fábrica para os outros são a mão de obra indireta, os materiais indiretos e a depreciação. Como não há um critério mais específico, foi utilizado o número de funcionários de cada departamento que iria receber os valores como base de rateio.

Tabela 4.17 – Gastos do departamento de administração geral

Descrição	Custo
Almoxarifado	18.000,00
Usinagem	38.000,00
Cromagem	32.000,00
Montagem	42.000,00
Controle de qualidade	38.000,00
Manutenção	44.000,00
Total	**212.000,00**

Depois de realizada a distribuição desses valores, a estrutura sem o departamento da administração geral da fábrica fica mais enxuta, com um departamento a menos, mas com valores mais elevados para os outros departamentos.

Tabela 4.18 – Custos indiretos de produção com três departamentos auxiliares, em reais

Custos indiretos	Almox.	Controle de qualidade	Manutenção	Usinagem	Cromagem	Montagem	Total
Aluguel	40.000	30.000	50.000	60.000	40.000	80.000	300.000
Energia elétrica	12.000	16.000	26.000	68.000	24.000	34.000	180.000
Materiais indiretos	23.056	16.453	25.472	18.453	13.434	23.132	120.000
MOI	133.585	88.679	153.208	108.679	84.151	131.698	700.000
Depreciação	1.358	22.868	35.321	44.868	28.415	7.170	140.000
Total	**210.000**	**174.000**	**290.000**	**300.000**	**190.000**	**276.000**	**1.440.000**

O próximo departamento a ter suas atividades eliminadas é o departamento de manutenção. Para isso, foi identificado que ele trabalhou 15 horas para almoxarifado, 40 horas para controle de qualidade, 50 horas para usinagem e 40 horas para cromagem, não sendo nada levado para o departamento de montagem.

Tabela 4.19 – Gastos do departamento de manutenção, em reais

Descrição	Custo
Almoxarifado	30.000,00
Controle de qualidade	80.000,00
Usinagem	100.000,00
Cromagem	80.000,00
Total	**290.000,00**

O penúltimo departamento a ter os custos distribuídos para os outros é o almoxarifado. Ele está com R$ 240.000,00 depois de receber os R$ 30.000,00 do departamento de manutenção. Considerando as particularidades do processo produtivo, o valor integral foi distribuído igualmente aos três departamentos produtivos, que são usinagem, cromagem e montagem, sendo que o departamento de controle de qualidade não recebeu nada do almoxarifado, haja vista que as atividades não possuem ligação direta.

Tabela 4.20 – Gastos do almoxarifado

Descrição	Custo
Usinagem	80.000,00
Cromagem	80.000,00
Montagem	80.000,00
Total	**240.000,00**

Para a distribuição dos valores relativos ao departamento de controle de qualidade, deve-se tomar como base a quantidade de testes realizados em cada departamento produtivo, já que não há mais possibilidade de transferência de valores para departamentos auxiliares.

Dessa maneira, por meio do registro histórico dos testes realizados no período em análise, identificou-se a seguinte quantidade para cada departamento produtivo:

Tabela 4.21 – Proporção de testes realizados

Testes para o departamento de usinagem	68	53,6%
Testes para o departamento de cromagem	44	34,6%
Testes para o departamento de montagem	15	11,8%
Total de testes realizados	**127**	

O valor total presente no departamento de controle de qualidade para ser distribuído soma R$ 254.000,00 e serão utilizados os percentuais definidos anteriormente para seguir para cada departamento produtivo. A distribuição ficará da seguinte forma:

Tabela 4.22 – Distribuição do departamento de controle de qualidade, em reais

Descrição	**Custo**
Usinagem	136.000,00
Cromagem	88.000,00
Montagem	30.000,00
Total	**254.000,00**

Depois de todos os rateios realizados e todos os valores que constavam nos departamentos auxiliares serem transferidos para os departamentos produtivos, os valores de custos indiretos de produção para cada departamento ficam da seguinte maneira:

Tabela 4.23 – Distribuição dos departamentos auxiliares, em reais

Descrição	**Custo**
Departamento de usinagem	616.000,00
Departamento de cromagem	438.000,00
Departamento de montagem	386.000,00
Total	**1.440.000,00**

O último passo antes da definição dos valores de cada produto é a referência para a distribuição dos valores dos departamentos produtivos para os produtos fabricados. Considerando que há três produtos sendo fabricados e três departamentos, a entidade utilizou as horas-máquina consumidas por cada departamento produtivo como base para a distribuição dos custos indiretos de produção.

Tabela 4.24 – Quantidade de horas-máquina para cada departamento e produto

Produtos	**Usinagem**	**Cromagem**	**Montagem**	**Total**
A	300	240	160	700
B	240	240	140	620
C	160	120	86	366
Total	**700**	**600**	**386**	**1.686**

Por fim, com base na quantidade de horas-máquina da tabela anterior, podemos identificar os custos indiretos de produção por produto.

Tabela 4.25 – Distribuição dos custos indiretos de produção aos produtos, em horas-máquina

Descrição	**Usinagem**	**Cromagem**	**Montagem**	**Total**
Custo por h-m	R$ 616.000,00 ÷ 700 h-m = R$ 880/h-m	R$ 438.000,00 ÷ 600 h-m = R$ 730/h-m	R$ 386.000,00 ÷ 386 h-m = R$ 1.000/h-m	
A	300 × R$ 880 = R$ 264.000	240 × R$ 730 = R$ 175.200	160 × R$ 1.000 = R$ 160.000	R$ 599.200
B	240 × R$ 880 = R$ 211.200	240 × R$ 730 = R$ 175.200	140 × R$ 1.000 = R$ 140.000	R$ 526.400
C	160 × R$ 880 = R$ 140.800	120 × R$ 730 = R$ 87.600	86 × R$ 1.000 = R$ 86.000	R$ 314.400
Total	**R$ 616.000**	**R$ 438.000**	**R$ 386.000**	**R$ 1.440.000**

Com isso, o processo de distribuição dos custos indiretos de produção dos departamentos auxiliares para os departamentos produtivos e, posteriormente, para os produtos é finalizado. O procedimento que falta para evidenciar os custos totais dos produtos A, B e C é a soma dos custos indiretos com os custos diretos.

4.3 Importância da consistência dos critérios

Nas duas últimas seções, vimos as diversas maneiras de considerar a departamentalização nas empresas. Agora, faremos a análise desses procedimentos e discutiremos a importância de serem utilizados critérios consistentes com a realidade das entidades.

Para isso, tomaremos como base um novo exemplo, em que três produtos terão valores distintos de custos, dependendo da forma de análise e distribuição associada.

Uma indústria fabrica três tipos de bola de futebol: a Standard, a Master e a Premium. Depois de realizar os apontamentos durante um período, os gestores identificaram o valor de R$ 840.000,00 de custos indiretos de produção a serem distribuídos às três bolas. Os custos diretos já foram previamente identificados e estão representados na tabela a seguir.

Tabela 4.26 – Custos diretos das três bolas, em reais

	Bola Standard	Bola Master	Bola Premium	Total
Matéria-prima	250.000,00	300.000,00	400.000,00	950.000,00
Mão de obra direta	150.000,00	150.000,00	150.000,00	450.000,00
Total	**400.000,00**	**450.000,00**	**550.000,00**	**1.400.000,00**

Essa parcela de custos não é nossa preocupação, tratando-se apenas de instrumento adicional de comparação em nossas análises. O que importa para nós é o total de custos indiretos de produção e a distribuição deles para as três bolas. Com uma estrutura não departamentalizada, a empresa pode utilizar como base a quantidade de horas-máquina para a distribuição do total de custos indiretos de produção.

Tabela 4.27 – Horas-máquina por produto

Bola Standard	1.200
Bola Master	1.000
Bola Premium	600
Total	**2.800**

Seguindo esse critério, teríamos que os R$ 840.000,00 seriam associados ao total de horas-máquina utilizadas no período. Os cálculos são estes:

R$ 840.000,00 ÷ 2.800 horas-máquina = R$ 300/hora-máquina

Assim, teríamos os seguintes cálculos para a distribuição dos custos indiretos de produção:

Tabela 4.28 – Custos indiretos de produção por produto, em reais

Bola Standard	300 × 1.200 = 360.000,00
Bola Master	300 × 1.000 = 300.000,00
Bola Premium	300 × 600 = 180.000,00
Total	**840.000,00**

Como resultado do uso dessa base de cálculo, os valores finais de custos para as três bolas diferentes ficariam da seguinte maneira:

Tabela 4.29 – Custos totais das três bolas, em reais – base horas-máquina

	Bola Standard	**Bola Master**	**Bola Premium**	**Total**
Matéria-prima	250.000,00	300.000,00	400.000,00	950.000,00
Mão de obra direta	150.000,00	150.000,00	150.000,00	450.000,00
Custos indiretos	360.000,00	300.000,00	180.000,00	840.000,00
Total	**760.000,00**	**750.000,00**	**730.000,00**	**2.240.000,00**

Em um segundo momento, se considerarmos a base para distribuição a mão de obra, e não as horas-máquina consumidas durante o processo de fabricação, teremos valores idênticos, pois houve exatamente o mesmo consumo de mão de obra direta em todos os produtos fabricados.

Tabela 4.30 – Mão de obra direta por produto, em reais

Bola Standard	150.000,00 de mão de obra direta
Bola Master	150.000,00 de mão de obra direta
Bola Premium	150.000,00 de mão de obra direta
Total	**450.000,00 de mão de obra direta**

Aplicando a distribuição igualitária, o valor de R$ 840.000,00 seria distribuído em partes iguais para as três bolas fabricadas, conforme a tabela seguinte evidencia.

Tabela 4.31 – Custos totais das três bolas, em reais – base mão de obra direta

	Bola Standard	**Bola Master**	**Bola Premium**	**Total**
Matéria-prima	250.000,00	300.000,00	400.000,00	950.000,00
Mão de obra direta	150.000,00	150.000,00	150.000,00	450.000,00
Custos indiretos	280.000,00	280.000,00	280.000,00	840.000,00
Total	**680.000,00**	**730.000,00**	**830.000,00**	**2.240.000,00**

O último critério a ser estudado é o do consumo de matéria-prima. Analisando os três produtos fabricados, identificamos as seguintes características:

Tabela 4.32 – Matéria-prima por produto, em reais

Bola Standard	250.000,00 de matéria-prima
Bola Master	300.000,00 de matéria-prima
Bola Premium	400.000,00 de matéria-prima
Total	**950.000,00 de matéria-prima**

O valor de R$ 840.000,00 seria distribuído proporcionalmente ao consumo de matéria-prima, de acordo com a seguinte divisão:

Tabela 4.33 – Consumo de matéria-prima por produto, reais

Bola Standard	250.000,00 / 950.000,00 = 26,32%
Bola Master	300.000,00 / 950.000,00 = 31,58%
Bola Premium	400.000,00 / 950.000,00 = 42,10%

Os valores percentuais calculados servirão de base para a distribuição dos custos indiretos de produção às bolas fabricadas, servindo de terceira referência para nossas análises posteriores.

Tabela 4.34 – Custos totais das três bolas, em reais – base matéria-prima

	Bola Standard	**Bola Master**	**Bola Premium**	**Total**
Matéria-prima	250.000,00	300.000,00	400.000,00	950.000,00
Mão de obra direta	150.000,00	150.000,00	150.000,00	450.000,00
Custos indiretos	221.088,00	265.272,00	353.640,00	840.000,00
Total	**621.088,00**	**715.272,00**	**903.640,00**	**2.240.000,00**

Com base nessas três referências, já é possível identificar os impactos que podem ser gerados na continuidade das operações empresariais. Antes de começarmos a apontar os itens mais importantes, vamos analisar as diferenças de valores de custos totais para os três produtos de acordo com os três critérios apresentados nesta seção.

Tabela 4.35 – Custos totais das três bolas, em reais – todas as bases utilizadas

	Bola Standard	Bola Master	Bola Premium	Total
Base hora-máquina	760.000,00	750.000,00	730.000,00	2.240.000,00
Base mão de obra direta	680.000,00	730.000,00	830.000,00	2.240.000,00
Base matéria-prima	621.088,00	715.272,00	903.640,00	2.240.000,00

Mesmo sem analisar mais detalhadamente as diferenças e os resultados encontrados, devemos considerar algumas situações que são mais genéricas. Vamos imaginar que, dos R$ 840.000,00 de custos indiretos, a maior parte se refere a gastos com máquinas para a produção das bolas. Pensando dessa maneira, o primeiro critério, que é a base hora-máquina, pode ser considerado o mais coerente.

Perguntas & respostas

Como um gestor pode fazer para evitar os erros na hora de identificar os referenciais a serem seguidos para a distribuição dos custos indiretos de produção entre os departamentos?

Quanto maior for o conhecimento do mercado, das operações e dos produtos, melhor será o conjunto de decisões a serem tomadas acerca do processo de departamentalização como um todo. Não há uma regra clara com relação ao melhor processo para rateios e distribuição dos custos indiretos de produção. O ideal é que os gestores saibam os objetivos de curto e de longo prazo da entidade e conheçam as tendências do mercado consumidor.

Analisando sob outro ponto de vista, para o caso de a maior parte dos custos indiretos de produção estarem associados à supervisão de departamento e outros fatores ligados à mão de obra produtiva, o critério mais apropriado passaria a ser o segundo, da base mão de obra direta.

Alternativamente, a maior parte dos custos indiretos de produção pode estar associada a fatores ligados à conservação de matéria-prima. Pensando assim, o último critério, a base *matéria-prima*, seria o mais coerente de ser utilizado.

Se analisarmos os resultados globais de uma empresa, não importa o critério utilizado, ele não será alterado, pois não são criados outros custos, são apenas associados a mais ou a menos para um ou outro produto (Viceconti; Neves, 2018).

No entanto, quando analisamos os produtos de maneira independente, essa diferença no uso dos critérios pode gerar análises e decisões equivocadas. Se um produto apresentar um custo muito elevado, por exemplo, pode estimular os gestores a descontinuar a produção. Mas e se o produto for, na verdade, o mais rentável e apenas o critério de distribuição estiver equivocado? Em pouco tempo, a empresa começaria a sentir os impactos da ausência de um produto rentável em sua estrutura.

Além dos números internos gerados pela própria entidade, os valores precisam ser comparados com os concorrentes, pois a margem de lucro normalmente não é tão grande em mercados competitivos e, se o mesmo produto estiver registrado com o custo total de produção maior que o preço de venda de um concorrente, isso pode ser uma indicação de que o critério utilizado para distribuição dos custos indiretos está equivocado.

A partir do momento que se começa a utilizar um critério de distribuição dos custos indiretos de produção, ele deve ser mantido ao longo do tempo e ser alterado apenas com a justificativa de fatores realmente convincentes. Há de se pensar não apenas nos sócios, proprietários ou potenciais investidores, que estão interessados em uma informação confiável, mas também nos órgãos governamentais, que podem oferecer algum impedimento em relação a mudanças muito contínuas, que podem alterar tanto os custos como o resultado contábil, impactando nos valores a serem arrecadados a título de tributos.

Outros órgãos, não necessariamente governamentais, também podem influenciar na forma de cálculo e divulgação dessas informações, o que pode ocorrer no caso de empresas com ações listadas em bolsa e que captem recursos do público a partir da oferta de ações ao mercado (Ribeiro, 2017).

O ideal é que, uma vez seguido um critério identificado como mais coerente para a medição dos valores de custos, ele seja mudado somente se a estrutura produtiva do negócio for substancialmente alterada.

Exercícios resolvidos

1. **Nas empresas, há unidades em que são realizadas acumulações de custos de um departamento, podendo existir em número a ser definido pela necessidade de cada empresa. Nesse sentido, uma entidade pode controlar os custos não somente por seção, mas também por máquina, sempre levando em conta a relevância de que os valores dispõem em comparação às seções ou máquinas. Quais são essas unidades?**

Essas unidades são os centros de custos e não constituem necessariamente um departamento ou setor. Considerado a unidade mínima para a distribuição de custos indiretos, o centro de custos não é por natureza uma unidade administrativa com autonomia própria, embora isso possa ocorrer quando um departamento é, também, um centro de custos. As empresas optam por manter um departamento como centro de custos, acumulando os custos indiretos e distribuindo aos produtos em momento posterior ou eventualmente a outros departamentos. Há os casos em que é possível existir mais de um centro de custos em um único departamento, sendo essa situação mais comum quando os processos são mais complexos ou em estruturas empresariais maiores.

2. **Na contabilidade de custos, a departamentalização contribui para a totalização dos gastos de produção por unidade fabricada. Utilizando essa estratégia para estimar o custo de seus estoques, que fatores poderiam estimular uma indústria a utilizar a departamentalização?**

   Menos subjetividade, maior acurácia e maior atratividade aos clientes. Outras características da departamentalização: objetivo de ter uma correta alocação dos custos indiretos de fabricação aos produtos; agregação dos custos primeiro no departamento e depois no produto, diminuindo assim a margem de erro da lucratividade de cada item; separação das atividades de uma empresa de acordo com a natureza delas, procurando maior eficiência nas operações.

3. **Não há uma regra clara para a utilização do critério de rateio na departamentalização. Considerando o exemplo de uma empresa que tenha seus custos indiretos de produção fundamentalmente ligados a máquinas e equipamentos produtivos, qual seria o método mais eficaz de rateio?**

   O método mais eficaz seria aquele fundamentado na quantidade de horas-máquina ou de tempo de produção. Isso ocorre porque sempre se busca associar o que ocorre dentro dos departamentos com a produção real. No caso de muitas máquinas e equipamentos produtivos, há a tendência de haver muita depreciação e manutenção das máquinas, o que não deixa o processo perfeito, porém o deixa mais confiável.

5

Sistemas de custeio mais comuns

Conteúdos do capítulo:

- Sistema de custeio direto.
- Sistema de custeio por absorção.
- Sistema de custeio baseado em atividades (ABC).
- Sistema de custeio RKW.
- Custos em entidades comerciais e prestadoras de serviços.

Após o estudo deste capítulo, você será capaz de:

1. compreender o sistema de custeio direto;
2. compreender o sistema de custeio por absorção;
3. compreender o sistema de custeio baseado em atividades (ABC);
4. compreender o sistema de custeio RKW;
5. analisar os custos em entidades comerciais e prestadoras de serviços.

Os sistemas de custeio são muito importantes nas empresas. Eles são os responsáveis não somente pela correta apuração dos custos, mas também pela definição do resultado de cada período e do consequente recolhimento dos impostos.

Com relação aos sistemas de custeio, existem aqueles que são muito utilizados pelas empresas, como o custeio por absorção e o custeio variável. Há também aqueles não tão utilizados assim, como o custeio RKW e o custeio por atividades (ABC).

Cada um com suas características específicas, seja nas empresas prestadoras de serviços, seja nas empresas comerciais ou industriais, os sistemas de custeio desempenham um papel relevante no processo gerencial, levando informações importantes para os gestores tomarem decisões.

5.1 Sistema de custeio direto

Existem diversos sistemas de custeio utilizados pelas empresas em geral. Alguns são permitidos para efeitos fiscais, enquanto outros são preferidos por critérios gerenciais. Cada um deles apresenta uma característica especial e que pode estimular mais ou menos sua utilização por parte das empresas em seus propósitos maiores.

A partir deste ponto do texto, conheceremos os sistemas de custeio mais comuns, iniciando pelo sistema de custeio direto. Embora ele não seja aceito para o cálculo oficial dos custos operacionais e para o consequente recolhimento dos tributos, a maioria das empresas o utiliza por ele trazer dados importantes que podem ser utilizados sob o ponto de vista gerencial.

O tratamento dado por ele é único, pois prioriza a divisão dos gastos em *fixos* e *variáveis*, deixando a preocupação da segregação entre despesas e custos em segundo plano. Por essa razão, acaba trazendo mais possibilidades de análise por parte dos gestores.

Alguns itens, como a margem de contribuição, só podem ser encontrados quando se utiliza o custeio direto, também chamado *custeio variável*. Com base na margem de contribuição, podemos identificar uma série de outros artefatos gerenciais que auxiliam no processo de tomada de decisões, como os pontos de equilíbrio e a análise custo-volume-lucro (Martins, 2010).

Uma característica do custeio variável é que apenas os gastos variáveis são considerados custos operacionais, sendo que os gastos fixos vão diretamente para o resultado e são considerados despesas operacionais. O custeio direto se prende ao fato de que os custos de produção fixos, assim como despesas de comercialização e distribuição também fixas, são custos do período e não dos produtos, pois se a produção parar por razão de férias coletivas ou qualquer outro motivo, por exemplo, elas continuam sendo incorridas.

A ideia é apenas considerar como algo do próprio produto o que tenha ocorrido durante o processo de fabricação e que não ocorreria se a produção estivesse parada ou fosse inexistente.

Essas mudanças também geram diferenças nos valores que permanecem nos estoques, pois só figuram os valores relacionados à parcela variável. Portanto, quando se finaliza a fabricação de um produto, seus gastos variáveis seguem para o estoque e, na sequência, vão para a comercialização. O que não for negociado com os clientes permanecerá nos estoques apenas com esses gastos variáveis, sendo o resultado do período afetado pelos gastos fixos que tiverem ocorrido durante o processo produtivo.

Conforme pudemos perceber, o enfoque do custeio direto é predominantemente gerencial e no produto, além de auxiliar os gestores no processo de tomada de decisões no curto prazo.

O custeio direto apresenta uma série de erros e impropriedades conceituais e não é aceito pela legislação fiscal por ferir algumas práticas comuns da contabilidade. No entanto, apresenta uma grande vantagem, que é a não necessidade de preocupação com rateio de custos indiretos, pois, como não há custos indiretos, esse problema simplesmente não existe (Viceconti; Neves, 2018).

Perguntas & respostas

O sistema de custeio direto é caracterizado por ser um sistema de uso predominantemente gerencial. Para seu uso, no entanto, é necessário que a empresa realize um retrabalho, já que ele não é aceito pela legislação fiscal como base para o recolhimento dos

tributos e reconhecimento dos resultados de um período. O que poderia justificar esse retrabalho do ponto de vista gerencial?

A margem de contribuição, que identifica quanto das atividades contribui para a cobertura dos custos fixos. Embora o custeio variável não possa ser utilizado como uma ferramenta de base para os custos, resultados e recolhimento de tributos, praticamente todas as empresas trabalham com ele, pois fornece muitas informações de caráter gerencial, como a margem de contribuição. Ela pode indicar, por exemplo, os produtos com maior ou menor margem e que fazem com que uma empresa tenha mais lucratividade, apontando quais produtos podem eventualmente deixar de ser produzidos ou ter a produção aumentada.

As análises por produto também são mais acertadas, haja vista que fornecem a contribuição marginal de cada item, chamada *margem de contribuição*, a qual consiste na diferença entre os preços de venda praticados e os gastos variáveis identificados.

Uma das principais desvantagens do uso continuado do custeio direto é a dificuldade de uso exclusivo do método para a precificação final dos produtos. Esse problema é facilmente contornável pelo fato de que, por não ser aceito para fins fiscais, nunca será aceito como instrumento oficial de registro.

Assim, o custeio direto sempre terá o complemento de mais informações geradas pela contabilidade para a avaliação de estoques, registro e controle da produção, além do pagamento dos impostos. Vamos analisar um caso que ilustre melhor a aplicação do custeio direto para aumentar nosso nível de compreensão desse tema.

Imaginemos uma empresa que, em determinado período, apresente os seguintes dados em relação à sua produção:

Tabela 5.1 – Gastos do período, em reais

Custos variáveis	200.000,00
Custos fixos	160.000,00
Despesas fixas	40.000,00
Vendeu a metade dos produtos fabricados pelo valor de 300.000,00	

Como se trata do custeio direto, serão considerados custos dos produtos apenas a parcela variável dos custos, ficando todo o restante associado a despesas do período. O lucro bruto apurado seria de R$ 200.000,00, pois a receita da venda seria reduzida do custo associado, que é metade dos custos variáveis. Um valor de estoque ao final do período pode ser obtido com facilidade, que é de R$ 100.000,00, mas não há ocorrência de lucro contábil nessa situação. Vejamos:

Tabela 5.2 – Apuração do resultado pelo custeio direto [1]

Ocorrência	**Valores (R$)**
Receita com vendas	300.000,00
Custo dos produtos vendidos	(100.000,00)
Lucro bruto	200.000,00
Despesas fixas	40.000,00
Custos fixos	(160.000,00)
Lucro líquido	0,00

Nota: [1] Nas tabelas, os números entre parênteses representam valores negativos.

O lucro, nesse caso, foi nulo, ou seja, a empresa não gerou qualquer resultado positivo de suas atividades operacionais, embora ainda possua metade de seus estoques disponível para venda em períodos futuros. Entretanto, não podemos nos esquecer do fato de que a empresa vendeu apenas metade de seus estoques e a totalidade dos custos e despesas fixas foi levada para o resultado.

E se ela tivesse vendido apenas 10% de seus estoques, e não a metade? E se ocorresse a venda de 80% dos estoques e não apenas 50%? Não importa o nível de vendas: mesmo se não houvesse ocorrido venda alguma, a parcela fixa seria totalmente levada para o resultado do período, caracterizando uma das impropriedades do custeio direto.

Aqui fica claro que não há preocupação com o regime de competência para os gastos fixos, pois todos foram reconhecidos integralmente, mesmo sem ocorrer a respectiva venda. E essa é uma das razões pelas quais ele não é aceito pela legislação fiscal para o recolhimento dos tributos e o cálculo do resultado do período.

Entretanto, esse sistema de custeio é muito utilizado internamente pelas empresas com o objetivo de geração de informações gerenciais e estratégicas por produto, pois consegue identificar desvios de produção, os quais podem inviabilizar a continuidade de um produto dentro de um *mix* de produção. Para que possamos compreender melhor o custeio direto, é necessário compará-lo com outros sistemas de custeio, como o sistema de custeio por absorção, que será estudado a seguir.

5.2 Sistema de custeio por absorção

O sistema de custeio por absorção é o mais difundido e largamente utilizado pelas empresas em todo o país. A razão para isso ocorrer é o fato de ele ser aceito pela legislação fiscal para a mensuração dos estoques e apuração do resultado, bem como por poder servir de base para o recolhimento de tributos (Martins, 2010).

De maneira distinta e quase complementar, se comparado com o custeio direto, o custeio por absorção busca a proporcionalidade dos gastos de acordo com o que foi efetivamente finalizado. Por essa razão, não se preocupa em calcular a margem de contribuição nem tem a prioridade de separação entre gastos fixos e variáveis.

Para que o custeio por absorção seja efetivamente aplicável, é necessário ocorrer a correta separação entre *custos* e *despesas*, não importando se são fixos ou variáveis. Mas aqui surge um problema já comum e de difícil resolução: os rateios para os custos fixos. Como eles não têm associação direta com os produtos fabricados, é difícil e arbitrário definir as parcelas que vão compor um produto, mas que não vão compor outro.

No longo prazo, o processo de rateio dos custos fixos, se mal realizado, pode causar problemas financeiros e operacionais para as entidades. O custeio por absorção também tem mais utilidade em empresas com processos de produção mais rígidos e com poucos produtos a serem analisados e os resultados sofrem influência direta da quantidade de produtos fabricados. Na prática, quanto mais se produz, menos custará. Mas como isso pode ocorrer? Vamos ilustrar isso por meio de um caso hipotético.

Vamos analisar a situação de uma empresa que fabrica um único item para comercialização futura e conta com uma série de gastos fixos para a finalização da produção desse produto. Um gasto fixo muito comum é o aluguel da fábrica. Suponhamos que a empresa pague um valor de R$ 1.000,00 mensais a título de aluguel.

Com relação aos custos fixos, pelo custeio por absorção, eles devem ser direcionados para os produtos de maneira equivalente, ou seja, a mesma parcela proporcional para todos. Nesse caso, se a empresa fabricar 500 unidades do produto durante um período, cada produto absorverá uma parcela de R$ 2,00 relativa ao aluguel. No entanto, em um mês que a produção se eleve demais por qualquer razão, que pode ser a sazonalidade ou um aumento repentino de demanda, essa parcela será alterada. Se a empresa fabricar 1.000 unidades de produto durante um período qualquer, a parcela destinada a cada unidade fabricada será reduzida para R$ 1,00, o que representa uma redução em termos percentuais de 50% em relação aos custos iniciais.

Perguntas & respostas

O custeio por absorção não é o critério mais indicado para que as decisões gerenciais de longo prazo possam ser suportadas. No entanto, ele é muito utilizado pelas empresas brasileiras. Qual é o principal fator que faz com que ele seja largamente utilizado?

O fato de ele poder servir de referência para a apuração dos custos, do resultado e do recolhimento dos tributos. Por respeitar as boas práticas contábeis e as convenções existentes, o custeio por absorção é largamente utilizado pelas empresas brasileiras, mesmo que não seja gerencialmente tão aproveitado.

Por isso é que se diz que, quanto mais se produz, mais se ganha em termos de escala, pois, como se presume que o aluguel será sempre R$ 1.000,00 com a empresa produzindo 500, 1.000, 10.000 ou nenhuma unidade, essa vantagem é incontestável. O que se deve analisar é o limite operacional de que a empresa disponha, pois uma alteração de 500 para 1.000 unidades parece ser perfeitamente praticável, mas nem sempre essa variação pode sair de 1.000 e chegar a 10.000 unidades sem um aumento do aluguel por aumento da estrutura física, por exemplo. São variáveis a serem consideradas para se avaliar da melhor forma o processo produtivo como um todo.

Agora, vamos analisar o caso que vimos na seção anterior, mas seguindo os preceitos do custeio por absorção para o cálculo dos valores.

Tabela 5.3 – Apuração do resultado pelo custeio por absorção

Ocorrência	Valores (R$)
Receita com vendas	300.000,00
Custo dos produtos vendidos	(180.000,00)
Lucro bruto	120.000,00
Despesas	(40.000,00)
Lucro líquido	80.000,00

É importante destacarmos que estamos tratando exatamente do mesmo caso visto na seção anterior, com todos os valores idênticos, mas a forma de analisar cada situação é distinta. No primeiro caso, não houve lucro ou prejuízo, com o resultado sendo zero. Já no segundo, o lucro líquido foi de R$ 80.000,00 pelo fato de apenas metade dos custos ter sido considerada. O total de custos era R$ 360.000,00 e, como foi comercializada apenas a metade, o valor considerado de custo segue essa proporção e é de R$ 180.000,00.

Aqui, percebe-se que o regime de competência é seguido com fidelidade, pois mantém a proporcionalidade entre o que é vendido e a baixa dos estoques.

Tabela 5.4 – Comparação entre o custeio direto e o custeio por absorção, em reais

Ocorrência	Custeio direto	Custeio por absorção
Receita com vendas	300.000,00	300.000,00
Custo dos produtos vendidos	(100.000,00)	(180.000,00)
Lucro bruto	200.000,00	120.000,00
Custos fixos	(160.000,00)	–
Despesas fixas	(40.000,00)	(40.000,00)
Lucro líquido	0,00	80.000,00
Estoques finais	100.000,00	180.000,00

Por meio da análise da tabela apresentada, observamos que, além da não ocorrência de lucro pelo custeio direto, há também um valor menor de estoques finais de produtos, fazendo com que as informações disponíveis no Balanço Patrimonial não reflitam a realidade. Na prática, apenas metade dos estoques foi vendida e, conforme os conceitos que analisamos do custeio por absorção, foram consumidos R$ 360.000,00 de custos. Isso gera um custo de R$ 180.000,00 e um valor contábil de estoque de R$ 180.000,00, o que reflete melhor a realidade do que consta dentro da estrutura física de estoques da entidade, além de figurar no Balanço Patrimonial.

Essas comparações são importantes para que possamos ter a certeza de que não é apenas analisando um ou outro critério de maneira isolada que conseguiremos tomar boas decisões para o futuro próximo das entidades. É importante que se gere o máximo de informações consideradas úteis para o processo decisório.

O custeio por absorção não deve ser comparado apenas com o custeio direto, pois não existem apenas essas possibilidades de se analisar as informações de custos. Por isso, seguiremos em nosso conteúdo analisando outros sistemas de custeio e o próximo é o custeio baseado em atividades, também conhecido com *custeio ABC*.

5.3 Sistema de custeio baseado em atividades (ABC)

O sistema de custeio baseado em atividades apresenta-se como uma alternativa ao tão conhecido problema de alocação dos custos indiretos de produção. Ele parte do pressuposto de que os recursos são consumidos dentro das entidades por causa das transações que ocorrem durante a rotina, o que também engloba a ocorrência dos custos indiretos de produção (Nakagawa, 2001).

Quando se iniciaram as aplicações práticas do ABC, entre as décadas de 1970 e 1980, alguns problemas operacionais sérios foram encontrados. O principal deles, muito conhecido, estava ligado ao fato de que alguns produtos componentes do *mix* das empresas apresentavam custos tão baixos que a aplicação da margem de lucro desejada pelos gestores sequer conseguiria cobrir os custos reais. Alguns produtos com baixo volume de produção eram suportados por outros que tinham o volume maior, mas que também tinham custos calculados mais baixos do que a realidade.

Esses primeiros casos evidenciaram que alguns ajustes imediatos seriam necessários e poderiam gerar resultados muito satisfatórios em um futuro próximo. O modelo utilizado, que era fundamentado em volume de produção para que as normas fiscais e societárias pudessem ser respeitadas, apresentava a forma mais coerente em termos operacionais para a divulgação dos números de uma empresa, mas não refletia a realidade interna das entidades. A consequência é que os resultados encontrados, se utilizados como referência, poderiam levar à tomada de decisões de maneira equivocada e ao comprometimento das operações.

A inclusão de novos perfis de consumidores também levou as entidades a alterar seus processos produtivos, pois nem sempre produtos idênticos deixavam todo tipo de cliente satisfeito, sendo necessária alguma diversificação nos processos de produção.

Perguntas & respostas

O custeio baseado em atividades (custeio ABC) é um método de custeio com difícil implantação para as entidades, sejam elas comerciais, industriais ou prestadoras de serviços. Quais são as principais dificuldades na implantação desse sistema de custeio pelas empresas em geral?

As principais dificuldades são o fato de ser muito custoso e a definição das atividades e dos direcionadores de custos.

Embora possa trazer muitos benefícios gerenciais para as empresas no longo prazo, o sistema de custeio ABC ainda é muito preterido por causa das dificuldades operacionais, tanto antes como durante sua colocação em prática. Por isso, não são tantas as empresas que o utilizam.

As empresas procuraram aprimorar as formas de custeamento dos produtos fabricados, buscando uma forma menos abstrata e obscura para mensurar os custos de produção. Esse aprimoramento resultou na criação do *Activity Based Costing* (ABC), que tomava como referência as atividades geradoras dos custos e realizava uma acumulação de custos de maneira diferenciada (Padoveze, 2010).

No custeio ABC, é preciso saber o que é produzido para definir o quanto de recurso é necessário para a produção. O correto gerenciamento das atividades tornou-se o trabalho mais significativo dentro da engenharia da produção, especificamente na gestão produtiva.

Essa área correlata à contabilidade tem permitido aos contadores uma melhor mensuração da eficiência no consumo dos recursos produtivos, além de conhecer mais profundamente os detalhes produtivos, identificando pormenores, por exemplo, de produtos com maior ou menor poder de economia quando produzidos em lotes de maior ou menor tamanho.

Tanto nos Estados Unidos como na Europa, iniciou-se uma exploração massiva dos benefícios que poderiam ser obtidos com a utilização do custeio ABC, que rapidamente chegou ao Brasil. Com um enfoque inicialmente direcionado às atividades industriais, foi facilmente adaptado para ser operacionalizado em empresas comerciais e em prestadoras de serviços.

As empresas que começaram a utilizar o sistema de custeio ABC normalmente também estavam utilizando a filosofia de produção *just-in-time* (JIT), um método de produção e redução de estoques que busca uma diminuição programada dos recursos produtivos, pois apenas se produz quando se precisa. Requisições de materiais, por exemplo, assim como responsáveis por registrar as movimentações de matéria-prima nas entidades, passam a ser desnecessários de acordo com esse critério (Nakagawa, 2001).

Todas essas tecnologias buscam a redução de custos e a organização produtiva por meio da criação da célula de produção e cada célula pode ser uma acumuladora de custos comuns, que conhecemos como custos indiretos de produção.

Há três fatores que indicam a alta popularidade e a importância do custeio ABC, a saber: as mudanças no estilo de vida dos consumidores, trazendo consequências para as empresas, que acabam sendo obrigadas a alterar o modelo tradicional de produção para algo mais próximo da realidade dos consumidores; a ampliação da concorrência, que não necessariamente estava fisicamente próxima aos outros fornecedores dos mesmos bens ou serviços, também consequência da ampla abertura dos mercados consumidores mundo afora; e, por fim, a necessidade constante de revisão, atualização e readequação de formas de análise de custos.

O custeio ABC, tomando esse cenário como referência, passou a ser mais uma forma de apuração dos custos, mas sem o objetivo de substituir nem o custeio direto, nem o custeio por absorção, ambos com sua importância e características já enraizadas em toda a comunidade contábil.

Na metodologia de custeio ABC, para que os custos possam ser associados aos produtos, há um grande caminho a ser seguido. Vamos separar esse caminho em estágios. No primeiro, os recursos consumidos são distribuídos entre as atividades que se utilizaram deles ou que também apenas ocorreram em função da existência deles.

No segundo estágio, o custo é distribuído para os produtos na proporção da necessidade de cada um deles quando confrontados com cada uma das atividades identificadas.

Só que essas atividades não estão soltas, tendo conexão direta com os direcionadores de custos de primeiro estágio, também chamados *direcionadores de recursos*, e os de segundo estágio, também conhecidos como *direcionadores de atividades* (Nakagawa, 2001). A seguir, apresentamos os estágios do custeio ABC e os estágios que o influenciam.

Figura 5.1 – Estágios do custeio ABC

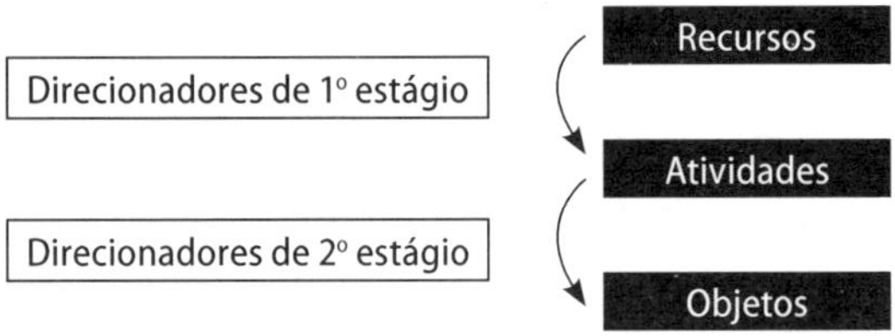

Fonte: Nakagawa, 1994, p.69.

Com base nesses preceitos, podemos identificar que o custeio ABC nada mais faz do que rastrear o consumo dos serviços realizados, que estão ligados ao consumo dos recursos por parte de uma entidade. O objetivo de seu uso não é a apuração de custos para servirem de base de elaboração de balanço patrimonial ou outra demonstração financeira qualquer.

O que o ABC faz é monitorar os gastos realizados, associando as atividades realizadas aos direcionadores de custos predefinidos, facilitando o direcionamento das atitudes por parte dos gestores financeiro e de produção, que precisam atender às necessidades tanto de investidores como de clientes, além de manter a estrutura empresarial em perfeito funcionamento.

Antes de entrarmos na parte dos cálculos e dos detalhes práticos do custeio ABC, vamos apresentar as vantagens e as desvantagens desse critério de custeio. A primeira vantagem é que o custeio ABC não é apenas um modelo de custos diferente dos tradicionais. Ele é, de fato, um sistema que evidencia como uma entidade está consumindo os recursos disponíveis.

Quando se buscam razões que justifiquem um aumento ou uma redução não esperados de recursos, o ABC se destaca, pois tem como diferencial os direcionadores de custos. Outra vantagem natural é uma análise mais apurada dos resultados obtidos, com o propósito de auxiliar o processo de tomada de decisões sobre os produtos ou serviços comercializados. Isso também auxilia no processo de definição de preços a serem oferecidos aos consumidores finais. Por fim, uma vantagem está ligada aos gastos que são realizados no setor de publicidade e propaganda, pois, com um conjunto de produtos mais bem precificado, todo o processo de divulgação e propaganda torna-se mais racional e eficiente.

Do lado das desvantagens, aparecem o alto nível de complexidade e os custos de implantação relativamente altos, além de ser algo não prioritário para a maioria das entidades. Mesmo que não disponham de um sistema com características gerenciais de custos, muitos gestores julgam que suas entidades não têm a necessidade real de algo como o ABC, trabalhando com sistemas menos complexos, mais baratos e de mais fácil operacionalização (Padoveze, 2010).

Não existe consenso entre os especialistas, mas, de qualquer forma, o ABC é relativamente complexo. É isso o que vamos ver a seguir, por meio de um exemplo hipotético prático. Vamos a ele!

Imaginemos uma empresa que exerça atividades industriais no setor de confecção de roupas e artigos de vestuário em geral. No fim de um período qualquer, ela gerou seus relatórios e coletou os dados apontados. Os dados de custos diretos são apresentados conforme a tabela a seguir.

Tabela 5.5 – Comparação entre o custeio direto e o custeio por absorção

Produtos	Custos diretos unitários (R$)
Camisas	20,00
Calças	24,00

Na sequência, também foram registrados os dados relativos aos custos indiretos de produção, os quais estão evidenciados na tabela a seguir.

Tabela 5.6 – Custos indiretos de produção

Ocorrência	Custos indiretos de produção (R$)
Aluguel, seguros e IPTU	80.000,00
Mão de obra indireta	320.000,00
Materiais indiretos	40.000,00
Total	**440.000,00**

Para utilizar o custeio ABC com efetividade, é necessário identificar todas as atividades desempenhadas pela indústria de artigos de vestuário, as quais estão evidenciadas na sequência.

Quadro 5.1 – Lista de atividades desempenhadas pela indústria de artigos de vestuário

Departamento	Atividades
Compras	Compras
Corte e tingimento	Beneficiamento inicial
Costura e acabamento	Beneficiamento final

Depois de identificadas essas três atividades desempenhadas pela indústria em questão, é hora de iniciar os processos para a alocação dos custos indiretos de produção de acordo com os direcionadores de custos específicos.

Inicialmente, os primeiros custos apresentados, relativos a aluguel, seguros e IPTU, serão alocados de maneira proporcional à área que cada departamento ocupa. Dessa maneira, ficarão 10% associados ao departamento de compras por ocupar 10% da área total da fábrica; o departamento de corte e tingimento, responsável pela atividade de beneficiamento inicial, ocupa 40%; e o departamento de costura e acabamento, que faz o beneficiamento final, fica com 50% dos valores a serem distribuídos. Sendo assim, os valores serão R$ 8.000,00, R$ 32.000,00 e R$ 40.000,00, respectivamente, para compras, corte e tingimento e costura e acabamento.

A próxima preocupação é a associação dos valores de mão de obra indireta e de materiais indiretos para os departamentos, o que é evidenciado na tabela a seguir.

Tabela 5.7 – Distribuição dos custos indiretos de produção para as atividades, em reais

Atividades	Aluguel, seguros e IPTU	Mão de obra indireta	Materiais indiretos	Total
Compras	8.000,00	40.000,00	6.000,00	54.000,00
Beneficiamento inicial	32.000,00	80.000,00	18.000,00	130.000,00
Beneficiamento final	40.000,00	200.000,00	16.000,00	256.000,00
Total	**80.000,00**	**320.000,00**	**40.000,00**	**440.000,00**

Para que os valores sejam corretamente destinados aos produtos, é necessário definir os direcionadores de custos. Para o departamento de compras, foi considerado como direcionador a quantidade de pedidos de cada um dos produtos fabricados. Os valores obtidos foram 70% para camisas e 30% para calças.

Para os departamentos de corte e tingimento e costura e acabamento, o direcionador considerado foi a quantidade de horas-máquina registrada em cada um dos dois departamentos. Para corte e tingimento, o consumo foi de 60% da quantidade total de horas-máquina para a produção de camisas e 40% para calças.

Considerando o departamento de costura e acabamento, tanto a produção de camisas como de calças consumiram exatamente a mesma quantidade de horas-máquina, ficando cada produto com 50% dos custos incorridos. O detalhamento dessa distribuição é evidenciado na tabela a seguir.

Tabela 5.8 – Distribuição dos custos com base nos direcionadores

Atividades	**Direcionador**	**Camisas (%)**	**Calças (%)**	**Total (%)**
Compras	Número de pedidos	70	30	100
Beneficiamento inicial	Número de horas-máquina	60	40	100
Beneficiamento final	Número de horas-máquina	50	50	100

No período em que foram coletados os custos, a indústria fabricou 10 mil camisas e 5 mil calças. Seguiremos com nossos cálculos até obter os custos unitários de cada produto fabricado de acordo com os preceitos do custeio ABC.

Analisando as informações das tabelas anteriores, sabemos que o departamento de compras consumiu R$ 54.000,00; o de beneficiamento inicial (corte e tingimento), R$ 130.000,00; e o de beneficiamento final (costura e acabamento), R$ 256.000,00. Também temos as informações de que a produção de camisas consome recursos em cada departamento na ordem de 70% para compras, 60% para beneficiamento inicial (corte e tingimento) e 50% para beneficiamento final (costura e acabamento).

Já para as calças, o consumo de recursos tem a seguinte característica: 30% para compras, 40% para beneficiamento inicial (corte e tingimento) e 50% para beneficiamento final (costura e acabamento).

Esses dados permitem realizar a distribuição dos custos indiretos de produção diretamente aos produtos. A tabela a seguir evidencia essa distribuição pelo custeio ABC.

Tabela 5.9 – Distribuição dos custos indiretos de produção para os produtos, em reais

Atividades	Camisas	Calças	Total
Compras	37.800,00 (70%)	16.200,00 (30%)	54.000,00 (100%)
Beneficiamento inicial	78.000,00 (60%)	52.000,00 (40%)	130.000,00 (100%)
Beneficiamento final	128.000,00 (50%)	128.000,00 (50%)	256.000,00 (100%)
Total	**243.800,00**	**196.200,00**	**440.000,00**

Esses valores são os montantes totais para cada produto, sendo que o volume de produção para cada componente específico foi evidenciado anteriormente, o que nos permitirá calcular o valor dos custos indiretos de produção unitários tanto para camisas como para calças. A produção total foi de 10 mil camisas e 5 mil calças. Com isso, podemos fechar os cálculos e definir o custo total unitário para as camisas e para as calças.

Tabela 5.10 – Custos totais unitários, em reais

Tipos de custo	Camisas	Calças	Total
Custos indiretos totais	243.800,00	196.200,00	440.000,00
Volume produzido	10.000 unidades	5.000 unidades	–
Custos indiretos unitários	24,38	39,24	–
Custos diretos unitários	20,00	24,00	–
Custos unitários totais	44,38	63,24	–

Se tivéssemos calculado os custos indiretos de produção unitários por outro critério qualquer, os montantes encontrados seriam distintos de R$ 24,38 e de R$ 39,24 para camisas e calças, respectivamente. Da mesma forma que os critérios vistos de maneira prévia em relação ao ABC não são a única verdade, também não é uma verdade absoluta afirmar que esses valores são os que mais se adéquam à realidade dessa entidade.

O que vimos foi apenas o conjunto de valores encontrados sob o ponto de vista do custeio ABC, que apresentam algumas características únicas, além das vantagens e das desvantagens apresentadas.

5.4 Sistema de custeio RKW

O sistema de custeio RKW parte do pressuposto de que o objetivo principal da contabilidade de custos não é apenas a correta mensuração dos custos operacionais, mas também a definição dos preços de venda praticados junto aos clientes e consumidores dos negócios.

A sigla RKW, de maneira distinta do ABC, que tem origem americana, tem raízes germânicas e significa *Reichskuratorium für Wirtschaftlichtkeit*, em alusão a um órgão da Alemanha responsável pela definição dos preços de venda.

A grande diferença entre o RKW e os diversos sistemas de custeio que estudamos até agora é que ele se baseia no rateio não apenas dos custos de produção, mas também das despesas de uma entidade, o que inclui os gastos incorridos com juros. Todos esses valores devem ser associados aos produtos.

Inicialmente, o procedimento é a realização da alocação dos custos e das despesas aos mais diversos departamentos de uma entidade para, na sequência, serem realizados vários rateios diferentes até que todos os custos e despesas, sem exceção, estejam impactando nos valores dos produtos (Martins, 2010).

Quando pensamos nas diversas formas de ratear os valores aos produtos, não há muita diferença com o que vimos até agora. A única diferença é no que se rateia, pois até os juros incorridos devem ser alocados aos produtos, mas as bases são semelhantes, como a matéria-prima utilizada na produção, a mão de obra produtiva, as horas-máquinas etc.

De maneira cronológica, o sistema RKW segue diversas etapas até a apuração do resultado do período. A primeira delas é a separação entre custos e despesas, algo bem comum em outros sistemas de custeio que estudamos previamente. Depois, é realizada a associação de custos identificáveis a cada produto fabricado. Com as etapas mais simples finalizadas, tem início a mais complexa, que é a distribuição dos custos indiretos de produção aos objetos de custeio, momento em que podem ser utilizados os mais diversos critérios para o rateio dos valores (Ribeiro, 2017).

Perguntas & respostas

O sistema de custeio RKW é originário da Alemanha e praticamente não é utilizado por nenhuma empresa no Brasil. Por que isso ocorre com esse sistema de custeio?

Além do fato de o sistema de custeio RKW identificar não somente os custos, mas também as despesas, ele tenta definir o preço de venda ao consumidor, arbitrando a margem de lucro para as empresas que o utilizam. Esse fator praticamente o inviabiliza em economias de mercado, em que os preços são definidos não pelos vendedores, mas pelos compradores dos produtos. Hipoteticamente, eles teriam viabilidade apenas em mercados monopolistas, que também são bem raros no mundo atual.

Feito isso, já é possível realizar a avaliação dos custos dos produtos fabricados e que estarão prontos para a comercialização. Também é aqui que o custeio RKW se diferencia dos outros, pois é considerada a margem de lucro esperada, sendo seguida pela apuração do preço de venda. Os custos dos produtos vendidos são apurados no penúltimo momento desse processo, sendo finalizado pela apuração do resultado do período.

Por ser hipoteticamente inviável, já que também busca a definição do preço de venda, o custeio RKW apresenta uma série de limitações em sua operacionalidade. Não somente por buscar um preço de venda para ser praticado, mas pelo fato de que, como consequência dessa definição, pode gerar problemas de continuidade operacional, já que os gestores podem definir que um produto sem demanda deve ser retirado do *mix* produtivo.

Com isso, os riscos de erros nas tomadas de decisões baseadas no custeio RKW são altos, pois o que ocorre na prática dos mercados consumidores aquecidos é que não é a empresa que vende os produtos quem define os preços, e sim seu público-alvo. O valor justo, muitas vezes, pode ser incompatível com os custos produtivos e o fato de serem utilizadas as despesas na composição do preço aumenta essa impropriedade operacional (Martins, 2010).

Outra crítica feita ao custeio RKW está ligada ao fato de ele ser do início do século XX, época em que o governo ainda conseguia regular as margens de lucro das empresas para tentar garantir certa tranquilidade no longo prazo para os consumidores. Hoje em dia, isso é praticamente impossível, já que os governos apenas tendem a regular preços de serviços essenciais.

Outro fator que o inviabiliza como sistema de custeio em termos práticos é que não é possível estipular a quantidade demandada de produtos para o público-alvo, fazendo com que a definição da margem de lucro geral seja meramente um valor imaginado por parte dos gestores.

Muitas empresas ainda o utilizam como forma adicional para a definição dos custos, abrindo mão dos cálculos para a definição do preço de venda. Elas apenas adicionam as despesas aos produtos, sem a preocupação com a adição do lucro, utilizando uma espécie de custeio RKW adaptado aos dias atuais. O fato é que elas não se preocupam tanto com os resultados alcançados, pois eles são apenas mais uma peça no quebra-cabeça gerencial, tendo diversas outras variáveis ligadas aos outros sistemas de custeio que vimos anteriormente.

5.5 Custos em entidades prestadoras de serviços e em entidades comerciais

Vejamos a seguir as especificidades, vantagens e desvantagens dos custos em entidades comerciais e prestadoras de serviços.

5.5.1 Custos nas entidades prestadoras de serviços

Até aqui, vimos muitos detalhes do controle e da avaliação dos gastos realizados por uma entidade fabril, não dando tanta atenção para as entidades comerciais nem para as que realizam prestação de serviços. Isso não ocorreu porque elas são menos importantes ou porque as fábricas apresentam algum diferencial operacional. De certa forma, acabaria o setor de prestação de serviços, se fosse o caso, tendo a preferência na priorização, pois é o que emprega a maior quantidade de trabalhadores no Brasil. Mas a ideia é fazer com que os conteúdos sejam assimilados, não importa qual seja sua origem ou aplicação.

As empresas prestadoras de serviços têm importância no cenário nacional por diversos fatores. É possível, por exemplo, criar uma empresa de serviços dentro de casa, sem qualquer equipamento, sendo necessário, muitas vezes, apenas um computador ou um telefone celular. O intelecto normalmente pode ser mais importante do que máquinas e equipamentos pesados e modernos. Isso explica em parte o fato de que o processo de avaliação e mensuração dos custos nas empresas prestadoras de serviços ser mais simples, mas não é uma verdade absoluta (Padoveze; Takakura Junior, 2013).

E uma empresa prestadora de serviços para veículos automotores, como um posto de combustíveis que realiza a troca de óleo? Ele vai necessitar de diversos equipamentos pesados e caros, além de se aproximar muito mais de uma fábrica do que outra empresa de prestação de serviços que faça a manutenção de aparelhos de ar-condicionado, por exemplo.

Pela análise, apenas dessas duas empresas prestadoras de serviços com atividades e características bem distantes, já conseguimos identificar que se trata de um setor muito complexo, com muitos detalhes e meandros que precisam ser considerados. E, por isso, as generalizações também são mais complicadas de serem feitas.

Imagine criar uma regra para uma empresa que preste serviços de transporte de passageiros via aérea e tentar utilizá-la em uma empresa que preste serviços de manutenção de computadores. É muito mais difícil a aplicação de regras no setor de serviços, pois as atividades são diversas, o que não ocorre no setor fabril, em que é mais viável trabalhar com as generalizações.

E, no setor comercial, é ainda mais difícil, pois ele não fabrica e às vezes nem beneficia item algum, servindo muitas vezes como "atravessador" de mercadorias, um elo entre os produtores (fábricas) e os consumidores (clientes). Estudaremos as empresas comerciais na próxima seção, pois nosso foco agora está direcionado para as empresas prestadoras de serviços.

> Você certamente conhece pelo menos um prestador de serviços. Não estamos falando de companhias aéreas ou de empresas de TV por assinatura ou internet a cabo. Estamos falando, por exemplo, da manicure e do cabeleireiro. Eles são prestadores de serviços que estão em todo o mundo. Não importa a religião, o continente, a idade, a renda ou o estilo de vida dos habitantes de uma cidade. Além de uma prefeitura ou de um policial, pode-se afirmar que toda cidade dispõe de um cabeleireiro e uma manicure, ou, pelo menos, praticamente todas.

Eles representam o exemplo mais simples e efetivo para compreender os detalhes dessa atividade em um primeiro momento, antes de partirmos para estruturas mais robustas de prestação de serviços.

O que é necessário para um cabeleireiro prestar o serviço dele? Uma tesoura? Um pente? Produtos para higiene e beleza capilar? O que mais? Desconsideraremos a parte documental, como alvará, autorizações governamentais etc., porque isso toda empresa precisa ter. Vamos nos preocupar com os detalhes operacionais do estabelecimento.

A cadeira é diferente, não é exatamente igual a uma cadeira que costumamos usar para ler. O normal é que você compareça a um estabelecimento formalmente constituído, com alguns apetrechos que remetam a um ambiente familiar, mas tenha plena consciência de que aquilo é, de fato, uma empresa. A tesoura é a máquina produtiva principal, auxiliada pelo pente. O televisor procura deixar o cliente menos tenso, assim como o rádio, que pode dividir essa nobre tarefa de entreter os clientes. O cheiro de produtos de higiene capilar, como o de alguns xampus e condicionadores, fica no ar e agrada até quem está apenas passando na porta do estabelecimento. Algumas vezes, os componentes químicos não são os mais agradáveis, mas não são tão constantes assim.

O fato é que ali ocorre uma atividade comercial e o cabeleireiro pode ser um funcionário ou o proprietário, não importa. Uma das principais diferenças entre uma indústria e uma empresa prestadora de serviços é justamente essa: a pessoa que está na linha de produção não tem contato direto com o consumidor final. Em uma fábrica, a mão de obra realiza tarefas produtivas e não sabe nem se o produto será consumido no continente americano, europeu ou asiático, dependendo do que se produza.

Já em um salão de cabeleireiro, o funcionário produtivo, a mão de obra como conhecemos, tem o contato direto com o consumidor final, eliminando qualquer tipo de atravessador (e até o próprio controle de qualidade), entregando o serviço final, chegando até mesmo a tocar em todo o cabelo do cliente sem qualquer tipo de reclamação por parte dele. Nem sempre um serviço demandará o contato físico, mas a figura do cliente em contato direto com o prestador de serviços é muito recorrente.

Alguns equipamentos precisam ser utilizados em maior ou menor escala dependendo da atividade realizada, mas não serão tão essenciais quanto em uma fábrica. Vamos nos aprofundar um pouco mais e pensar em uma companhia aérea. O que eles precisam para prestar o serviço aos consumidores?

Eles precisam de uma parafernália gigantesca não só documental, mas também de maquinário e gente disponível. O transporte aéreo não é apenas um serviço e já foi *status*. Quem entrava em um avião esperava um serviço considerado de primeira classe, mas hoje em dia não é mais assim, a não ser que você seja um passageiro de classe executiva ou primeira classe. As poltronas dos aviões já estão muito mais democratizadas do que duas décadas atrás, porém os custos não sofreram praticamente nenhuma mudança.

Como se calculam os custos operacionais de uma empresa aérea? Ela é composta por depreciação, mão de obra direta, mão de obra indireta, custos indiretos nos serviços, materiais utilizados, entre vários outros aspectos que já vimos na estrutura fabril. As companhias aéreas fabricam a experiência de voar, mas o fazem com os consumidores finais presentes, também sem a necessidade de um atravessado, como no caso do salão de cabeleireiro.

Dessa forma, os custos são calculados de maneira muito semelhante a uma fábrica, com a diferença de que algumas ocorrências, como é o caso do departamento do controle de qualidade, já não são mais tão comuns, dependendo da atividade desempenhada. Isso porque é o próprio prestador de serviços quem define se a qualidade está a contento, pois o cliente realiza essa conferência de maneira imediata.

Outra diferença são os custos de garantia. Uma fábrica pode ter os serviços de garantia acionados logo que se abre uma embalagem, pois o produto que estava dentro não poderia ser testado no momento da compra, pelo menos na maioria dos casos. Em uma empresa prestadora de serviços, não há essa necessidade de acionamento da garantia de maneira imediata, como é o caso do conserto de um computador, em que o cliente confere o produto no momento em que vai buscá-lo na loja de assistência técnica, verifica se está tudo correto e o leva embora. Mas nada impede que ele volte algumas semanas depois porque o mesmo problema persistiu em aparecer. Se houver garantia, o serviço será prestado novamente sem qualquer prejuízo por parte do cliente, o que seria o equivalente à devolução ou à troca de um produto industrializado.

Portanto, podemos definir que todos os critérios anteriormente vistos em indústrias podem ser adaptados e utilizados em empresas prestadoras de serviços, com o cuidado de serem alterados alguns nomes e a operação dos procedimentos de controle. De resto, a prestação de serviços assemelha-se muito aos controles de uma indústria, dadas as proporções e atividades distintas.

É possível ter uma indústria e uma empresa prestadora de serviços utilizando o sistema de custeio ABC? Sim! E também é possível que uma prestadora de serviços trabalhe com o custeio direto? Sim. Dadas as devidas proporções, não há qualquer atividade de controle que uma indústria exerça que uma prestadora de serviços não possa fazer igual.

5.5.2 Custos nas entidades comerciais

Partindo para nosso último caso de análise, trataremos dos custos em empresas que realizam atividade comercial. Aqui, não falaremos de qualquer benefício aos produtos adquiridos, apenas o repasse aos consumidores finais, exatamente o que a maioria das empresas comerciais faz.

Imaginemos uma empresa comercial que venda móveis e eletrodomésticos. Certamente existe uma loja de móveis e eletrodomésticos em sua cidade, não importando o tamanho dela. Isso facilita nossa visualização e nosso aprendizado.

Você já deve ter comprado ou conhece alguém que comprou algum item lá, por exemplo, um ferro de passar roupas. Quais são as principais características desse tipo de negócio? Você já viu algum funcionário da produção ali ou algum insumo produtivo sendo beneficiado? Viu alguma máquina pesada em operação produzindo outros itens? Não vale considerar a TV de 50 polegadas ligada para atrair os clientes.

Isso não existe nessas lojas, pois o tipo do negócio mudou, os objetivos mudaram e os funcionários também contam com outras tarefas. As tarefas são mais direcionadas a aprender sobre os produtos que serão oferecidos e oferecê-los aos consumidores finais. Aqui já vemos uma diferença em relação às prestadoras de serviços, pois o "produto" já era comercializado diretamente ao consumidor final.

Perguntas & respostas

Os custos nas empresas comerciais são medidos preferencialmente de tempos em tempos e não de maneira permanente. Por qual razão isso é feito com maior frequência nas empresas comerciais do que nas empresas industriais?

Nas empresas comerciais existem muitas operações de venda com poucas unidades vendidas em cada uma delas. Já nas indústrias, existem poucas operações de venda com muitas unidades vendidas. O controle dos estoques em uma indústria é realizado de maneira contínua, ou seja, a cada operação de venda, há uma reavaliação dos valores. No caso de empresas comerciais, como são milhares de vendas realizadas por dia, esse controle mais constante é inviável, devendo ser realizado ao fim de cada dia, semana ou mês. Isso porque a preocupação principal de empresas comerciais é vender e não necessariamente contar os estoques.

No caso das empresas comerciais, elas funcionam meramente como atravessadoras entre as fábricas e os consumidores finais. E fazem isso oferecendo as garantias, seja da própria fábrica ou delas mesmas, as quais são oferecidas como um serviço adicional que pode ser adquirido pelos consumidores finais no momento da compra.

Se o fabricante é o mesmo, o que levaria uma pessoa a comprar um item qualquer em um estabelecimento A e não em um estabelecimento B? Talvez o atendimento ou algum serviço adicional; mas nossa preocupação aqui é avaliar os custos e os processos de mensuração. É o que faremos a partir deste ponto do texto.

Como se calcula o custo em uma empresa comercial? São muitas vendas por dia, normalmente em pequenas quantidades, ao contrário de uma indústria, que realiza vendas em quantidades maiores, mas são menos ocorrências de vendas em termos numéricos. Então, é correto afirmar que uma indústria realiza poucas operações de venda em grandes quantidades cada uma delas. Já uma empresa comercial realiza muitas operações de venda, sendo a maioria delas de poucos itens.

Nesse sentido, a forma de controle dessas operações também deve ser diferenciada. É mais fácil para uma fábrica trabalhar com o Peps, com o Ueps ou com a média ponderada, pois os lotes produtivos são facilmente controláveis e identificáveis. Mas o que comentar, por exemplo, sobre uma loja de móveis e eletrodomésticos que venda 50 ferros de passar roupas, 30 fornos micro-ondas e diversos outros itens?

O controle do inventário não pode ser realizado de maneira permanente, ou seja, em toda operação de venda realizada. Ele deve ser feito de modo periódico, seja diário, semanal ou mensal, de acordo com as necessidades de cada estabelecimento comercial (Martins, 2010).

Para isso, vamos fazer uma analogia com o que temos em nossas casas para analisar o custo das mercadorias vendidas em uma loja comercial. Vamos pensar em um alimento, como o arroz. Como nós fazemos para saber quanto arroz foi consumido em uma semana em uma casa? Ou em um mês? O normal seria olhar quantos pacotes estavam lá no início do mês e quantos pacotes estavam lá ao fim do mês. Depois, comparar as quantidades e verificar o quanto foi consumido. Por exemplo: se no início do mês havia 10 pacotes de 1 kg e, no final, só havia 5 pacotes de 1 kg, podemos deduzir que o consumo foi de 5 kg fazendo uma conta simples: o valor inicial reduzido do valor final que estava no armário.

Estamos considerando que nessa casa se faz apenas a compra de mês e que nenhuma compra adicional foi realizada até o fim do período. Em uma empresa, o raciocínio pode ser muito parecido, mas com uma diferença básica: é praticamente impossível que uma empresa passe o mês inteiro sem realizar compras, pois o dinamismo dos mercados não permite esse tipo de estratégia.

Elas precisam ter estoque de sobra, mas uma sobra planejada, já que o estoque custa e deixar mercadorias paradas não é a melhor política para as empresas. O ideal é conhecer o ritmo de consumo por parte dos clientes e manter os níveis de estoques sempre dentro do que se espera pela entidade.

No exemplo do arroz, o que deve ser levado em conta são as compras realizadas. Voltando para dentro de casa, considerando o saldo final não de 5 pacotes de 1 kg, mas de 13 pacotes de 1 kg, algo poderia parecer estranho. Como o estoque inicia o mês com 10 pacotes de 1 kg e termina com 13 pacotes de 1 kg, sendo que eu precisei me alimentar e consumi uma parte disso? A resposta está nas compras. Deve-se saber, também, quanto foi comprado de arroz durante o mês. Vamos supor uma compra de mais 10 pacotes de 1 kg durante o mês. Ajustando nossa forma de calcular, pode-se afirmar que o valor inicial do estoque deve ser reduzido do valor do estoque final, mas deve ser adicionado das compras realizadas. Então a coisa ficaria aproximadamente da seguinte maneira:

Figura 5.2 – Cálculo do consumo de arroz

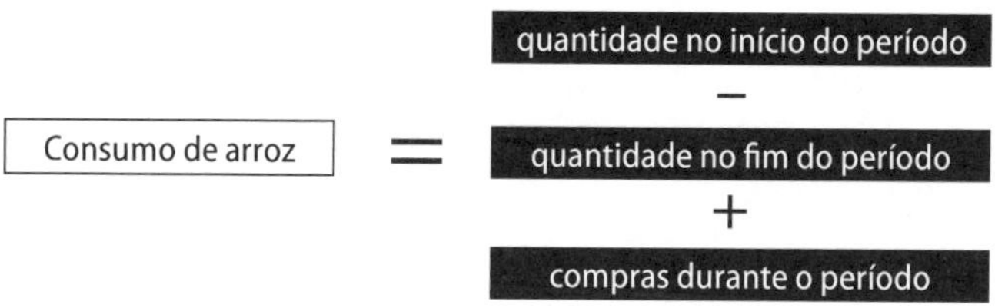

Essa é a fórmula do consumo de arroz (e de qualquer outro item) dentro de casa durante um período. Basta fazer a comparação do saldo inicial com o saldo final e adicionar as compras realizadas durante o período em questão. Mas como essa dinâmica ficaria representada dentro de uma empresa?

No caso da empresa, o saldo inicial é representado pelo estoque de mercadorias; o saldo final é representado pelo estoque final; e as compras são representadas pelas aquisições de materiais para compor os estoques de mercadorias, sendo necessário um controle específico para cada item a ser estocado. Isso significa que, no caso de uma loja de móveis e eletrodomésticos, o controle deve ser individualizado para geladeiras, sofás, máquinas de lavar, ferros de passar roupa etc. Nas entidades, há uma fórmula que representa o custo das mercadorias vendidas.

Figura 5.3 – Fórmula do custo de mercadorias vendidas

Custo das mercadorias vendidas = estoque final + compras − estoque final

Essa fórmula serve principalmente para as empresas que atuam no setor comercial, mas podem ser utilizadas por diversas empresas, mesmo as industriais e as prestadoras de serviços. A nomenclatura delas será alterada de acordo com o tipo de atividade, mas o foco será sempre o mesmo: fazer a comparação do estoque inicial com as mercadorias e o estoque final.

Para o caso das empresas industriais, trata-se do custo dos produtos vendidos, por ter a produção como atividade principal. Já no caso das empresas prestadoras de serviços, o nome muda para *custo dos serviços prestados*, estes últimos mais ligados à mão de obra do pessoal que sai para campo. Isso ocorre de maneira muito recorrente nos casos de empresas que prestam serviços nas instalações dos clientes, pois nem sempre o uso de componentes físicos é necessário.

Vale lembrarmos que citamos o caso da manutenção de aparelhos de ar-condicionado, que demanda muito mais o raciocínio dos técnicos para verificar os defeitos do que necessariamente uma máquina muito cara para realizar testes. O mesmo pode ser dito no caso de um serviço de conserto de computadores ou equipamentos periféricos, como impressoras ou *scanners*. Eles demandam poucos equipamentos físicos para sua manutenção e muito capital intelectual para a consecução das atividades.

Exercícios resolvidos

1. **Se há diferença entre produtos elaborados e vendidos em um período considerando o custeio variável, o que acontece com os custos totais se comparados com o custeio por absorção?**

   Os custos totais tendem a ser mais elevados, pois os custos e as despesas fixas são considerados integralmente no resultado, aumentando os custos totais. Como o custeio variável não segue o regime de competência na associação dos custos totais, ele eleva os custos totais por não os deixar dentro dos estoques quando ainda há produtos que não foram vendidos. No longo prazo, há uma tendência de essa diferença deixar de existir, mas deve ser considerada período a período, pois a diferença é maior, principalmente nos impostos.

2. **O custeio por atividades é um sistema de custeio que se adapta muito bem às empresas prestadoras de serviços e há uma razão específica para isso. Que razão é essa?**

   Pelo fato de as empresas prestadoras de serviços terem suas operações baseadas em atividades, é mais simples identificá-las e associá-las aos direcionadores de custos. Como os custos para implantação do custeio por atividades são relativamente elevados, é comum que muitas empresas não os implementem pela inviabilidade financeira. No caso das empresas prestadoras de serviços, esse custo pode ser reduzido dependendo da atividade operacional desempenhada, facilitando o direcionamento a cada um dos direcionadores de custos que eventualmente forem definidos.

3. **Considerando as duas formas de controle de inventário existentes, que são o inventário periódico e o inventário permanente, o que pode levar uma empresa a optar por uma forma de controle em detrimento de outra? Também devemos**

considerar que ambas são aceitas para efeitos fiscais, ou seja, o governo permite que qualquer uma das duas seja utilizada para a mensuração dos estoques, a apuração do resultado e o recolhimento de impostos.

As empresas com pouca estrutura de pessoal tendem a preferir o controle de inventário periódico, pois podem definir a contagem física dos estoques de acordo com suas necessidades, podendo ser diária, semanal ou mensal, por exemplo. Já as empresas que possuem mais estrutura de pessoal disponível podem utilizar com mais frequência o controle de inventário permanente, ajustando suas necessidades de controle aos recursos humanos disponíveis. Quanto mais operações são realizadas, menor é a probabilidade de uma empresa utilizar o controle permanente, como é o caso de empresas comerciais, ao passo que as indústrias, por realizarem vendas com menos frequência do que as comerciais, mas com valores mais elevados, podem ter a preferência pelo controle de inventário permanente.

6

Outros sistemas de custeio e normas contábeis

Conteúdos do capítulo:

- Outros sistemas de custeio e normas contábeis.
- Custeamento por ordem.
- Custeamento por processos.
- Custeamento em ambientes de produção conjunta.
- Contabilidade de custos e o Pronunciamento CPC 16 – Estoques.
- Perdas na produção e administração da qualidade.

Após o estudo deste capítulo, você será capaz de:

1. compreender o custeamento por ordem;
2. compreender o custeamento por processos;
3. analisar o custeamento em ambientes de produção conjunta;
4. relacionar a contabilidade de custos ao Pronunciamento CPC 16 – Estoques;
5. identificar as perdas na produção e administração da qualidade.

Não tão comuns como os sistemas de custeio mais difundidos nas empresas, os sistemas de custeamento por ordem e por processo também são muito importantes por estarem ligados a atividades bem específicas, trazendo benefícios diretos às empresas que deles se utilizam.

Outro ponto que merece destaque está ligado à produção conjunta, também de difícil associação aos produtos finais, como ocorre com os custos indiretos de produção. São vários critérios que podem ser utilizados, não sendo nenhum mais importante que outro.

Por fim, a preocupação com os estoques é tão grande que há normatizações específicas vigentes que tratam exclusivamente de critérios de avaliação, reavaliação e registro dos estoques dentro das empresas.

6.1 Custeamento por ordem

O custeamento por ordem de produção é uma forma de controle que tem um objetivo muito claro: fornecer alguns tipos de serviços aos clientes demandantes de acordo com algumas especificações, o que permite o aumento do nível de personalização dos produtos entregues.

Esse tipo de controle de custos é o mais antigo de todos, pois, antes da criação formal das empresas e antes das máquinas e da Revolução Industrial, essa era a forma de negociação e controle. O artesão recebia um pedido, que seria a ordem de produção, com os detalhes do que deveria ser produzido. Com base nesse pedido, o artesão já tinha consciência do que deveria ser adquirido de insumos, o que hoje vem a ser a ordem de produção (Padoveze, 2010).

Com a formalização dos processos produtivos e o aumento do nível de complexidade das operações financeiras, o setor de planejamento e controle da produção padronizou o processo com a emissão de uma ordem de produção, que também pode ser chamada *ordem de trabalho* ou *ordem de serviço*, detalhando todos os processos que devem ser seguidos até que tudo o que foi demandado esteja pronto para ser entregue aos clientes finais (Martins, 2010).

Atualmente, o sistema de custeamento por ordem permite um nível de personalização maior que qualquer outro sistema existente e isso tem seu fundo de verdade. Vamos pensar em uma situação hipotética e muito comum nos dias de hoje: a compra de móveis planejados para apartamentos.

Quando os proprietários das unidades imobiliárias recebem os imóveis das construtoras e desejam mobiliá-los, podem buscar os serviços das empresas estabelecidas em território nacional que se especializaram em realizar projetos específicos e personalizados.

Embora as plantas das unidades sejam praticamente idênticas, não é possível fabricar um mesmo modelo de mesa para a sala de jantar para muitos clientes diferentes, pois cada um tem um gosto específico. É claro que eles podem ir a uma loja que já tenha uma série de mesas de jantar prontas no mostruário, mas isso descaracteriza o custeamento por ordem e será visto mais à frente neste capítulo.

Um cliente procura uma loja de móveis personalizados para obter um conjunto de unidades mobiliárias de acordo com suas necessidades e essa é uma das características básicas do custeamento por ordem: a alta personalização.

Imaginemos que ele vive em um edifício com dez pavimentos. Mesmo com muitos apartamentos com a mesma planta, é praticamente impossível que você entre em todas as unidades imobiliárias existentes e que haja móveis iguais. Isso ocorre porque o cliente chega na loja, entra em contato com os vendedores, estabelece seus padrões e ordena a produção. Com base nesse contrato firmado entre o cliente e a loja de móveis, é emitida a ordem de produção, com todos os detalhes de cores, tipos, espessuras e o que for considerado relevante em termos produtivos para os móveis do apartamento do cliente.

Esse projeto dificilmente será utilizado para outro cliente, pois apresenta características de gosto muito peculiares e que não serão necessariamente os mesmos de um cliente futuro. As principais características do sistema de custeamento por ordem, portanto, são: a necessidade de um instrumento formal que ordene o início do processo produtivo; a falta de estocagem em massa, como acontece em algumas indústrias; e um maior nível de personalização nos itens fabricados (Padoveze; Takakura Junior, 2013).

Perguntas & respostas

O sistema de custeamento por ordem preza por um maior nível de personalização nos produtos fabricados. É possível ocorrer uma mistura entre os sistemas, utilizando parte de ordem e parte de processo? Como isso pode ser feito?

Sim, é possível. Até certo ponto da produção, os procedimentos são idênticos e, a partir de um momento previamente definido, a produção passa a ser mais personalizada. Um sofá, por exemplo, pode ter a medida de acordo com o gosto específico de um cliente e ter um formato diferente. Mas a base do sofá com 2 metros de largura tem a mesma estrutura do sofá com 1 metro de largura, o que deixa os produtos relativamente semelhantes, mas com características únicas, de acordo com a vontade expressa pelos clientes.

Agora vamos pensar no processo produtivo dessa fábrica de móveis. Todos os móveis seguem um mesmo ritual produtivo: precisam ser cortados em uma mesma máquina, depois recebem acabamento por uma mesma lixadeira industrial, seguindo para os ajustes de qualidade em relação ao tamanho e a outros detalhes.

Podemos dizer que há uma padronização dos procedimentos produtivos, que porém não pode ser confundida com uma padronização no processo produtivo. Isso ocorre apenas em empresas que produzem os móveis, mas que o fazem com o objetivo de manter elevados estoques de produtos idênticos. Esses produtos, aliás, apresentam nomes específicos, caracterizando como semelhantes não apenas em uma unidade fabril, mas em todo uma região ou até mesmo país.

Isso se caracteriza, por exemplo, por uma linha de móveis hipoteticamente denominada Linha X, em que há a Mesa A, as Banquetas B, o Sofá C e o Rack D, entre outros produtos temáticos. Tanto no sul como no nordeste do país, todos os móveis que tiverem esse nome serão absolutamente idênticos, sem qualquer nível de personalização, o que já não ocorre no custeio por ordem.

Um dos objetivos da empresa que fabrica a Linha X é manter estoques em níveis mais elevados, o que também não é uma característica do custeamento por ordem. Mas o que faz uma empresa trabalhar dessa forma, não escolhendo o custeamento por ordem?

Isso ocorre porque ela prefere utilizar o custeamento por processos, sistema que estudaremos na seção a seguir.

6.2 Custeamento por processos

O custeamento por processos é o oposto do custeamento por ordem de produção. Quando uma entidade conta com menor nível de padronização em seus produtos acabados, é utilizado o custeamento por processos. Nele, não há preocupação em esperar uma ordem específica do setor de produção. O que se faz é realizar a produção para atingir determinado nível de estocagem ou suprir a demanda específica de um período do ano.

Para tal, o setor de planejamento e controle da produção também é importante, pois é ele quem define a quantidade e a data em que será produzido, mesmo que não se tenha um horizonte de curto prazo em sua comercialização.

Vamos iniciar nossos exemplos estabelecendo um paralelo com a fábrica de móveis. Terminamos a seção anterior falando sobre a loja que fabrica móveis sem uma personalização definida, pois todos são idênticos. Se você for ao estoque dessa fábrica, poderá encontrar uma unidade fabricada em janeiro e outra em julho e ambas serão exatamente iguais. Isso ocorre porque todas elas seguiram o mesmo processo produtivo, que é a produção para estocagem, em vez de produção para suprir uma demanda específica ou um cliente especial.

> Vamos analisar o caso de uma fábrica de chocolates que trabalha com o custeamento por processos. A empresa não pode esperar passar o Carnaval para iniciar o processo produtivo dos ovos de chocolate que serão comercializados na Páscoa. O setor de planejamento e controle da produção inicia o processo produtivo no final do ano anterior, normalmente a partir de setembro, quando o estoque começa a ser constituído especificamente para esse fim, mesmo porque é relativamente complicado comercializar ovos de chocolate fora da Páscoa.

Os produtos fabricados têm essa característica de não terem qualquer tipo de padronização. São produtos com nomes específicos e que já trazem recheios ou brinquedos esperados e podem ser adquiridos em qualquer loja. Os tamanhos também são padronizados, havendo em alguns casos apenas adaptações regionais em relação a sabores ou tamanhos, mas nada que indique uma personalização no processo de produção (Crepaldi; Crepaldi, 2018).

Devido à extensão territorial de nosso país e ao fato de que algumas frutas não são cultivadas em determinadas regiões, o norte destaca-se do sul por alguns sabores exclusivos, assim como o sul dispõe da ocorrência de algumas frutas mais comuns em climas temperados e frios, mas os produtos possuem as mesmas características.

Consideremos agora uma grande fábrica de refrigerantes. É comum que ela tenha não apenas um sabor, mas em torno de quatro ou cinco sabores de refrigerante mais comercializados. Como é programada e realizada a produção dessas bebidas?

Vamos pensar em termos de prioridade produtiva. O setor de vendas sabe exatamente qual proporção deve ser utilizada na produção, ou seja, qual é o produto com maior demanda e quais são os níveis de demanda dos produtos secundários. Isso faz com que os esforços produtivos sejam redirecionados.

Imaginemos uma fábrica que tenha cinco sabores distintos e dois deles apresentam uma demanda muito maior em comparação aos outros.

Como a operação dessas fábricas é diuturna, ou seja, ocorre nos 7 dias da semana durante as 24 horas do dia, pode-se definir como prioridade produtiva que, de segunda a sexta, cada dia será exclusivo para cada um dos cinco sabores. Por exemplo: na segunda-feira será produzido o refrigerante de guaraná; na terça-feira, o de uva; na quarta-feira, o de laranja; na quinta-feira, o de limão; e, na sexta-feira, o de cola. Como o de cola e o de guaraná apresentam a maior demanda, o final de semana é dedicado exclusivamente a eles, sendo cada dia de um. Essa produção está representada na tabela seguir.

Quadro 6.1 – Produção diária da fábrica de refrigerantes

Dia da semana	Produto fabricado
Segunda-feira	Guaraná
Terça-feira	Uva
Quarta-feira	Laranja
Quinta-feira	Limão
Sexta-feira	Cola
Sábado	Cola
Domingo	Guaraná

Analisando a tabela de produção, verificamos que a produção de quatro dias seguidos é realizada aos pares, sendo sextas-feiras e sábados para os refrigerantes de cola e domingos e segundas-feiras para a produção de guaraná. Isso ocorre para garantir o suprimento da demanda maior para os sabores de cola e guaraná e diminuir os gastos com parada e troca de produtos sendo fabricados.

Isso é algo planejado e busca a diminuição de horas sem produção, quando é necessária a troca de insumos de um sabor para outro, pois as máquinas produtivas conseguem produzir apenas um sabor de refrigerante por vez.

É muito comum imaginar que, no caso dos refrigerantes, sempre há um nível menor de padronização. Isso faz parte de uma das estratégias das fábricas para agregar valor aos produtos. Pensemos da seguinte maneira: você pode comprar refrigerantes de 350 mL em lata, de 600 mL em garrafa de plástico descartável, de 1 litro ou 1,5 litro, ambos em garrafa de plástico retornável, ou de 2 litros e de 3,3 litros em garrafa de plástico retornável. Mas o fato é que o produto é idêntico, não havendo qualquer diferença entre o que foi envasado na lata ou na garrafa.

Há uma busca por um sentimento de personalização por parte do consumidor, o que ocorre, por exemplo, ao se personalizar as embalagens com alguns nomes de pessoas. Isso faz com que haja uma identificação maior com uma embalagem do que com outra, o que gera o sentimento de identidade com o produto e, consequentemente, a elevação do valor justo (Martins, 2010).

Mas, afinal, o que tudo isso significa? Se o seu nome é João e você viu uma lata de refrigerante com alusão a seu nome, você tenderá a aceitar pagar um pouco mais por ter uma lata feita especialmente para você do que alguém chamado Márcio quando olhar a mesma lata de refrigerante.

Da mesma forma, se você torce para o time A e encontrou uma garrafa de refrigerante com o escudo de seu time, haverá uma tendência de preferência para a compra do produto com esse escudo e não com o escudo do time B. Essas estratégias são muito claras por parte das indústrias de bebidas e buscam a agregação de valor aos produtos, mas na prática o líquido que está em todas as embalagens distintas é exatamente o mesmo, tendo sido produzido muitas vezes no mesmo momento.

Aqui ficam muito claras as estratégias dessas empresas, que buscam aumentar o nível de personalização com o objetivo de obter mais consumidores ou, no mínimo, serem mantidos os que já existem.

Estabelecendo um paralelo entre os custeamentos por ordem e por processos, podemos apresentar algumas características que não são necessariamente vantagens ou desvantagens.

No custeamento por ordem, há uma proximidade conceitual com o JIT, que é o *just-in-time*, modelo por meio do qual não se produz nada sem uma razão específica. No caso do custeamento por ordem, essa razão é denominada *ordem de produção, ordem de trabalho* ou *ordem de serviço* (Viceconti; Neves, 2018).

Essa política de produção tem a vantagem de demandar menos recursos de capital de giro, o que reduz o endividamento, já que as empresas iniciarão os processos produtivos apenas quando receberem um pedido e já tiverem certeza da demanda existente.

Uma desvantagem desse tipo de sistema de produção é que, se a fábrica receber um pedido eventual muito grande de um cliente, não poderá atendê-lo, pois não produz para estocagem, e sim para atender a demandas específicas.

Há também a elevação do nível de personalização dos produtos fabricados, o que denota um valor agregado mais visível e, consequentemente, a elevação dos preços que podem ser praticados aos consumidores finais.

Por outro lado, o custeamento por processos necessita de mais recursos produtivos e mais capital de giro, pois o objetivo é a produção para estocagem, tudo dentro de um plano produtivo específico. Com isso, algumas consequências são naturais. Vamos a elas.

É comum que os consumidores não tenham dificuldade em encontrar os produtos comercializados por essas indústrias, o que garante maior geração de receitas como consequência de um maior alcance geográfico. No entanto, o ganho maior dessas indústrias vem pelo giro dos produtos e não pela margem de lucro, que tende a ser mais apertada, haja vista que o nível de personalização de cada item produzido é bem pequeno ou nulo.

A solução encontrada para esse tipo de problema é a elevação do nível de personalização como forma de aumento do valor agregado e uma percepção de vantagem para o cliente no momento da aquisição.

Outra vantagem do custeamento por processos é o fato de poder suprir uma demanda eventual, pois, como seus níveis de estoque são maiores, essa é uma possibilidade recorrente de lucros maiores. Mesmo com a necessidade de recursos adicionais, como as indústrias têm consciência da quantidade demandada pelo público-alvo em determinado período de tempo, há a possibilidade de aceitar esses pedidos eventuais sem problema de demanda.

O segredo para desempenhar bem as atividades, seja no custeamento por ordem, seja no custeamento por processos, é conhecer as necessidades dos consumidores e a estrutura instalada de cada indústria. De nada adianta querer implantar um sistema de custeamento por processos se não há estrutura física para tal. Também não há razão para que se implante o custeamento por ordem quando uma entidade sabe que seu público-alvo, no geral, está interessado no produto sem qualquer tipo de personalização.

6.3 Custeamento em ambientes de produção conjunta

É comum que as indústrias não sejam monoprodutoras, sendo responsáveis pela fabricação de diversos produtos distintos ao fim de cada ciclo produtivo. Podemos citar vários exemplos, como o petróleo, que tem a gasolina extraída, óleos lubrificantes, querosene, entre outros produtos. Outro item produtivo que gera vários outros produtos distintos é o leite, que resulta no requeijão, no queijo, na manteiga e no iogurte, entre vários outros.

Estamos apresentando essas situações no início deste tópico para que possamos entender como os produtos conjuntos (ou a produção conjunta) podem ser caracterizados e como os subprodutos e os coprodutos podem ser originados, cada um com sua demanda específica, suas características únicas e seu valor agregado próprio.

Inicialmente, vamos conceituar os produtos conjuntos, também chamados *coprodutos*, os quais são produtos individuais produzidos simultaneamente com outros produtos, tendo origem em um único insumo. A soja é outro exemplo de insumo que gera vários produtos conjuntos, como o óleo e outros produtos processados (Martins, 2010).

Uma característica comum a todos os produtos conjuntos é que eles têm um momento de divisão, quando deixam de receber o insumo comum e passam a ter sua produção independente. Voltando para o leite, o iogurte depende do leite até certo ponto, quando ele passa a receber outros ingredientes e não tem mais a produção associada à inclusão do leite como insumo básico. Nesse caso, identificar os custos relativos aos conservantes, corantes e aromatizantes artificiais de um iogurte não é o problema. O problema está na identificação de qual parcela de leite será associada ao iogurte e qual parte será associada aos outros produtos que serão fabricados.

Perguntas & respostas

A produção conjunta traz muitos benefícios para as empresas, pois uma matéria-prima utiliza uma máquina, mas gera vários produtos distintos. No entanto, há algumas desvantagens. Cite a principal desvantagem e apresente uma possível solução para ela.

A distribuição dos custos conjuntos é tão difícil quanto a distribuição dos custos indiretos de produção para as unidades. Uma das soluções é distribui-los com base na receita esperada. São, ao todo, quatro soluções possíveis para o problema da distribuição dos custos conjuntos aos produtos. Para isso, cada empresa precisa utilizar a que for mais conveniente depois de analisar os impactos que podem gerar nas atividades empresariais como um todo.

Partindo desse pressuposto, é difícil associar, aos produtos finais, tanto os custos conjuntos como os custos indiretos de produção, pois é necessário definir, por exemplo, a parcela do leite que será distribuída para a manteiga, para o iogurte ou para o requeijão. Um método que nem sempre vai ser unânime entre todos os setores de uma entidade.

Há várias formas de serem realizadas essas distribuições. Vejamos por meio de um exemplo hipotético.

Tabela 6.1 – Exemplo de produção conjunta

	Iogurte	Manteiga	Requeijão	Total
Custos conjuntos (R$)				264.000,00
Unidades produzidas	15.000	16.000	10.000	41.000
Valor de mercado no momento de divisão	3,00/un.	2,50/un.	3,50/un.	
Valor de mercado (R$)	45.000,00	40.000,00	35.000,00	120.000,00

Traçando um paralelo com os custos indiretos de produção, os custos conjuntos, que totalizam R$ 264.000,00, devem ser distribuídos aos três produtos fabricados: iogurte, manteiga e requeijão. Na sequência, analisaremos quatro critérios diferentes para a distribuição, que são o valor de mercado conhecido no momento de separação, o valor de mercado desconhecido no momento de separação, o volume simples produzido e o volume ponderado produzido.

Inicialmente, realizaremos a apropriação dos custos conjuntos com base no primeiro critério, que é o valor de mercado conhecido no ponto de separação. Considerando esse critério, o valor identificado como *custos conjuntos* é distribuído aos produtos de maneira proporcional ao valor relativo das receitas de cada produto, comparados à receita total que pode ser gerada. A tabela a seguir mostra os cálculos mais detalhadamente.

Tabela 6.2 – Valor de mercado conhecido no momento de separação

	Iogurte	**Manteiga**	**Requeijão**	**Total**
Valor de mercado (R$)	45.000,00	40.000,00	35.000,00	120.000,00
Fator percentual	37,50%	33,33%	29,17%	100,00%
Custos conjuntos distribuídos (R$)	99.000,00	88.000,00	77.000,00	264.000,00

A observação que pode ser feita com base nesse primeiro critério é que todos os produtos hipoteticamente geram os mesmos resultados para a entidade, ou seja, todos são igualmente lucrativos. Mas nem sempre é o que ocorre na realidade.

Além dos resultados, os produtos podem receber processamentos adicionais depois do momento de separação, o que pode alterar significativamente o preço final dos custos e o preço de venda aos consumidores. Com base nesse raciocínio, deve ser realizada uma alteração na primeira maneira de distribuir os valores aos produtos, definindo um valor suposto de venda no momento da separação.

Para chegar a esse valor, é necessário subtrair os custos adicionais identificados que ocorreram depois do momento de separação.

Tabela 6.3 – Valor de mercado desconhecido no momento de separação

	Iogurte	Manteiga	Requeijão	Total
a) Unidades produzidas	15.000	16.000	10.000	41.000
b) Preço de mercado	4,50/un.	4,00/un.	4,00/un.	
c) Receita suposta (R$)	67.500,00	64.000,00	40.000,00	171.500,00
d) Custos adicionais (R$)	2.500,00	5.000,00	1.250,00	8.750,00
e) Valor suposto de mercado no momento de separação (R$)	65.000,00	59.000,00	38.750,00	162.750,00
Fator percentual	39,94%	36,25%	23,81%	100,00%
f) Custos conjuntos a apropriar (R$)	105.441,60	95.700,00	62.858,40	264.000,00
g) Custos totais (conjuntos + adicionais) (R$)	107.941,60	100.700,00	64.108,40	272.750,00

Na tabela apresentada, podemos verificar que os custos totais são representados pelos custos conjuntos mais os custos adicionais, que são aqueles ocorridos depois do momento de separação.

O terceiro método para a distribuição dos custos que veremos será o do volume simples produzido. Aqui, a quantidade produzida é a base de distribuição dos custos conjuntos identificados. A tabela a seguir apresenta a operacionalização desse método.

Tabela 6.4 – Volume simples produzido

	Iogurte	Manteiga	Requeijão	Total
Unidades produzidas	15.000	16.000	10.000	41.000
Custos conjuntos totais (R$)				264.000,00
Custos conjuntos unitários (R$)	6,43	6,43	6,43	
Custos conjuntos distribuídos (R$)	96.585,37	103.024,39	64.390,24	264.000,00

Nesse critério de alocação, todas as unidades produzidas devem estar registradas considerando a mesma unidade de medida.

Por fim, veremos o método do volume ponderado produzido, decorrente de dificuldades que afetam a produção conjunta. Entre esses pontos, podem ser destacados o nível de conhecimento da mão de obra produtiva e o tempo demandado por cada produto, entre outros fatores. A tabela a seguir apresenta a dificuldade ponderada de cada produto estabelecida arbitrariamente como 3 para iogurte, 2,5 para manteiga e 4 para requeijão.

Tabela 6.5 – Volume ponderado produzido

Produto	Produção	Ponderação	Produção ponderada	Custos conjuntos (R$)	Custo unitário (R$)
Iogurte	15.000	3	45.000	95.040,00	6,33
Manteiga	16.000	2,5	40.000	84.480,00	5,28
Requeijão	10.000	4	40.000	84.480,00	8,44
Total	**41.000**		**125.000**	**264.000,00**	

Esses fatores ponderados, tomando como referência as dificuldades encontradas por causa da complexidade dos processos produtivos, são utilizados para determinar uma distribuição dos custos conjuntos de maneira mais apropriada. Para chegar aos custos unitários, deve-se dividir os custos conjuntos pelo total da produção.

É importante ressaltarmos que nenhum dos quatro critérios apresentados é mais importante que outro. Eles são opções para as entidades que querem utilizá-los, sempre buscando a minimização das impropriedades na alocação dos custos conjuntos aos produtos fabricados.

6.4 Contabilidade de custos e o Pronunciamento CPC 16 – Estoques

Os custos têm importância tão grande no cenário empresarial que o Comitê de Pronunciamentos Contábeis (CPC) editou e publicou um conjunto de regras específicas apenas para os estoques (CPC, 2009). Depois de publicado, esse pronunciamento já passou por uma revisão, sendo a última publicada em 2009, com vigência até os dias atuais.

O objetivo específico do pronunciamento é fazer a orientação sobre os métodos de atribuição dos custos para os estoques no que concerne ao reconhecimento das receitas e despesas dentro do estoque.

No entanto, os termos desse pronunciamento não podem ser aplicados a instrumentos financeiros, à produção em andamento que esteja ligada a contratos de construção e a ativos biológicos, entre outros assuntos não ligados aos itens da produção.

De acordo com esse pronunciamento, os estoques correspondem aos ativos mantidos para venda futura no curso normal das operações de uma entidade ou que estejam em processo de produção também para venda futura. Esses produtos podem ser materiais ou insumos que serão transformados durante os procedimentos produtivos.

O pronunciamento também conceitua o preço de venda como o valor realizável líquido, definido durante o curso normal das atividades, deduzido dos custos de produção e adicionado dos gastos para a finalização da operação de venda. O pronunciamento conceitua, ainda, o valor justo como suficiente por duas partes interessadas e opostas, independentes entre si, desde que não ocorra qualquer pressão que torne compulsória a realização da transação entre as partes.

De acordo com o CPC 16 (R2), há duas formas de mensurar os estoques, sendo a menor existente entre o valor de custo e o valor realizável líquido. O primeiro deles engloba os custos de aquisição, de transformação e todos os outros eventuais custos incorridos para que um produto esteja em condições de ser comercializado. Os custos de aquisição referem-se ao valor pago na compra dos insumos, os impostos não recuperáveis, fretes, seguros, entre outros valores desembolsados para a aquisição e posterior produção.

Falando sobre os custos de transformação, eles incluem a mão de obra direta, os custos fixos e os variáveis. Para as situações em que os estoques forem adquiridos de forma parcelada e os valores forem acrescidos de juros, os gastos financeiros devem ser reconhecidos como *despesa*, e não como *custo*, conforme o tempo for passando, de acordo com o regime de competência.

O pronunciamento também estabelece de maneira expressa, conforme já visto, que os critérios aceitos para a mensuração dos estoques são o Peps (Primeiro que Entra é o Primeiro que Sai) e a Média Ponderada Móvel, sendo vedada a utilização do Ueps (Último que Entra é o Primeiro que Sai).

No momento que os estoques são comercializados e deixam a estrutura da empresa, o custo da parcela comercializada deve ser reconhecido como gasto do período em conjunto com a receita que também deve ser reconhecida. Qualquer tipo de perda nos estoques ou outra redução deve ser reconhecido também nos períodos em que ocorrerem.

Caso aconteça algum evento que faça com que os custos relacionados à capacidade produtiva não utilizada precisem ser reconhecidos fora do processo produtivo, como férias coletivas ou greve, eles devem ser reconhecidos como despesas do período e não como estoques.

Se os valores registrados nos estoques não puderem ser recuperáveis em razão de obsolescência, redução do valor de venda ou outro fator, o valor de custo deve ser substituído pelo valor realizável líquido.

Entre as informações que devem ser divulgadas pelas entidades como componentes das demonstrações contábeis estão as políticas contábeis, o valor registrado em estoques e em outras contas apropriadas, os valores específicos de *commodities*, os valores de estoques reconhecidos como despesa do período, os valores das reduções reconhecidas no resultado do período e eventuais reversões, além dos valores registrados nos estoques oferecidos como garantias para passivos.

6.5 Perdas na produção e administração da qualidade

Quando se fala em *produção*, o ideal é que os custos sempre estejam no nível máximo de economia no consumo. Gastar apenas o necessário é um dos pilares básicos de uma boa gestão financeira, pois uma produção que consome menos recursos tende a trazer melhores resultados para as empresas no longo prazo. Se a gestão identificar que a redução continuada dos custos de produção for obtida ou, pelo menos, a sua manutenção, todos os envolvidos não só no processo produtivo, mas em toda a empresa, ganham com a melhoria dos resultados alcançados.

Sabemos que as empresas existem para fornecer alguma coisa para alguém, como um produto, um serviço ou uma mercadoria qualquer. No processo de fornecimento, nem todos os gastos incorridos precisam necessariamente ser realizados.

É normal, por exemplo, que um consumidor não aceite pagar mais por um produto simplesmente porque o fornecedor resolveu cobrar a mais para cobrir gastos não esperados com a logística interna antes da entrega. Outro fator que também denota o descontrole nos gastos é a necessidade constante de retoques ou de garantias a serem cumpridas. Além da satisfação geral dos clientes, isso prejudica o resultado da empresa.

Veremos, a seguir, alguns dos gastos mais comuns que geram perdas para qualquer empresa, começando pelas perdas com uma produção acima do necessário. O excesso de produção é caracterizado por uma oferta muito maior que a demanda, gerando itens produzidos que não terão serventia para ninguém naquele momento específico. Recursos financeiros são utilizados de maneira desnecessária e muitas vezes geram endividamento sem trazer qualquer retorno presente para a empresa.

No caso de computadores, há ainda o risco da obsolescência reduzindo o valor de comercialização dos produtos. Deve-se, sempre, produzir apenas o que o setor de planejamento e controle da produção definir como essencial para ser comercializado.

É necessário saber exatamente quanto a empresa necessita de estoques e, assim, programar a produção com o objetivo de evitar perda tanto de recursos humanos como de recursos físicos.

Com uma produção mais equilibrada, menos defeitos serão apresentados e, consequentemente, será menor a quantidade de acionamentos, o que reduzirá os gastos gerais no longo prazo, haja vista que o período de garantia normalmente dura um ano após a efetivação da venda ao consumidor final.

Direcionando o foco na qualidade, é necessário que uma boa gestão de estoques tenha como prioridade o rápido atendimento às necessidades dos clientes e a geração de bons resultados para a empresa.

Comprar insumos de maneira correta gera descontos obtidos. Com isso, passa-se a produzir consumindo menos e aumenta-se a possibilidade de oferecer descontos aos consumidores mantendo as margens de lucro.

O auxílio da tecnologia da informação é fundamental para que esse trabalho seja realizado de maneira efetiva. Um sistema formal de controle de estoques e de produção necessita de alguns investimentos iniciais, mas traz resultados muito positivos para as entidades no longo prazo. Entre outras possibilidades, ele consegue disparar avisos sobre a quantidade de estoques, evidenciando se a produção precisa parar ou ser acelerada para que as metas definidas sejam alcançadas.

Se está próximo um período de alta demanda por sazonalidade, por exemplo, de nada adianta esperar a procura dos clientes começar. Deve-se agir com antecedência e preparar todo o estoque para ser vendido, produzir em ritmo proporcional ao espaço físico disponível para armazenamento e manter a possibilidade de movimentação física dos produtos fabricados tanto interna como externamente.

O controle deve ser constante, mas não necessariamente diário, pois as empresas têm necessidades distintas de controles. Para saber se é necessário um controle mais continuado, é preciso que o pessoal disponível esteja apto a realizar todas as tarefas, além de receber o treinamento necessário.

Exercícios resolvidos

1. **Costuma-se afirmar que o custeio por ordem de produção e o custeio por processos são complementares, ou seja, o que um não fornece de alternativas, o outro o faz. Por quê?**

Ambos trabalham de maneira muito semelhante até determinado ponto, chamado momento de separação, quando cada um deles passa a ter uma prioridade específica, sendo de maior ou menor personalização. Os dois sistemas de custeamento são utilizados por empresas que têm muito bem definidos os procedimentos produtivos e as prioridades em relação aos procedimentos. O que definirá o uso de um ou de outro é o público-alvo, além dos objetivos de longo prazo da entidade.

2. **A estocagem excessiva ou reduzida de itens por uma empresa produtiva pode apresentar uma falha gerencial, que pode ser ajustada com relativa facilidade. Que consequências essas falhas podem gerar em termos operacionais?**

Muito estoque não significa que uma empresa tenha uma boa situação operacional, assim como pouco estoque não significa ausência de recursos de capital de giro. O ideal é que os gestores utilizem os recursos que possuem para a maximização dos resultados, o que exige um bom sistema de produção e controle de qualidade. Se uma empresa vende muito, talvez necessite de mais estoques de maneira contínua e, se vende menos, não deve necessitar de um inventário muito grande. O fato é que os gestores precisam definir a estratégia de produção e, com base nela, identificar o capital de giro necessário para fazer com que as operações ocorram da maneira esperada.

Estudo de caso

Analisemos o caso da empresa Panela Boa Ltda., que produz quatro panelas distintas com o uso de matéria-prima comum e o mesmo processo produtivo, apresentando as seguintes informações:

Tabela A – Custos conjuntos de produção de panelas, em reais

Matéria-prima consumida	2.250.000, 00
Mão de obra direta	750.000,00
Mão de obra indireta	200.000,00
Gastos gerais de produção	300.000,00

As informações dos coprodutos, das quantidades produzidas e dos preços de venda de cada panela estão indicadas na tabela a seguir.

Tabela B – Dados de produção dos coprodutos

Coprodutos	Produção em unidades	Preço de venda unitário (R$)
Frigideira	19.440	61,25
Leiteira	16.560	66,00
Panela padrão	21.000	60,00
Panela de pressão	23.000	68,00

Considerando os dados apresentados, há diversas formas de analisar os custos conjuntos e distribuídos aos produtos. Sabendo que a empresa está na dúvida se utiliza o critério da produção simples ou o da receita de vendas, calcule os custos unitários de todas as panelas com base nos dois critérios apresentados.

Resposta

Primeiro, devemos identificar o total de custos conjuntos a ser distribuído para as quatro panelas distintas. Dessa forma, o valor total de R$ 3.500.000,00 (2.250.000,00 + 750.000,00 + 200.000,00 + 300.000,00) deve ser distribuído. Há dois critérios apresentados como referência para análise. A tabela a seguir apresenta os dois critérios a serem utilizados na distribuição dos valores às panelas.

Tabela C – Critérios de distribuição de valores para as panelas

Coprodutos	Critério produção	Distribuição produção (R$)	Critério receita	Distribuição receita (R$)
Frigideira	19.440 (24,30%)	850.500,00	61,25 (24,00%)	839.862,88
Leiteira	16.560 (20,70%)	724.500,00	66,00 (25,86%)	904.995,10
Panela padrão	21.000 (26,25%)	918.750,00	60,00 (23,51%)	822.722,82
Panela de pressão	23.000 (28,75%)	1.006.250,00	68,00 (26,64%)	932.419,20
Total	**80.000 (100,00%)**	**3.500.000,00**		**3.500.000,00**

Na tabela apresentada, definimos os custos totais para cada panela. Agora, precisamos identificar os custos unitários para cada produto, que são os valores evidenciados na tabela a seguir.

Tabela D – Custos unitários por produto

Coprodutos	Quantidade produzida	Distribuição produção (R$)	Custo unitário produção (R$)	Distribuição receita (R$)	Custo unitário receita (R$)
Frigideira	19.440	850.500,00	43,75	839.862,88	43,20
Leiteira	16.560	724.500,00	43,75	904.995,10	54,65
Panela padrão	21.000	918.750,00	43,75	822.722,82	39,18
Panela de pressão	23.000	1.006.250,00	43,75	932.419,20	40,54
Total		**3.500.000,00**		**3.500.000,00**	

Se analisarmos o custo unitário com base na produção, haverá um problema de ordem prática para os gestores. Isso porque, quando foram feitas as distribuições dos valores com base na produção, os custos unitários serão idênticos para todos os produtos, pois a mesma relação para se distribuir o custo total por produto agora faz a divisão do valor encontrado para que seja encontrado o custo unitário, que é a quantidade produzida.

No segundo cálculo, que é feito com base na receita, a distribuição total é realizada tendo como referência a receita esperada, mas os custos unitários são fundamentados na quantidade produzida, o que faz com que os custos tenham relativa diferença entre as panelas fabricadas.

Os gestores devem se preocupar em não gerar informações que possam direcioná-los a tomar decisões equivocadas, que seria o caso de considerar apenas o total produzido de panelas como referência.

Para concluir...

As entidades, não importando suas atividades principais, necessitam de controles para a realização de todas as tarefas. A situação não é diferente com os estoques. Neste livro, vimos que há diversas maneiras, algumas aceitas pela legislação fiscal, outras não, de registrar e acompanhar os estoques de uma entidade.

Os processos produtivos têm se apresentado com maior complexidade dia após dia, o que requer um grau elevado de especialização dos gestores e dos funcionários envolvidos na produção.

Mesmo em empresas que não possuem estoques constituídos, os custos precisam ser muito bem controlados, pois as empresas prestadoras de serviços são parte da mola propulsora da economia nacional, sendo responsáveis por mais da metade de todos os empregos no Brasil.

Saber como se registram, controlam e gerenciam os custos de uma entidade é fundamental para um bom processo de gestão empresarial, que se inicia no momento da aquisição dos insumos ou das matérias-primas necessárias para a produção, continua durante todo o processo produtivo e segue até o momento posterior à venda, no cumprimento de eventuais garantias que possam ser solicitadas pelos clientes.

Referências

CPC – Comitê de Pronunciamentos Contábeis. **CPC 16 (R2) – Estoques**. Brasília, 2009. Disponível em: <www.cpc.org.br/CPC/Documentos-Emitidos/Pronunciamentos/Pronunciamento?Id=47>. Acesso em: 29 maio 2019.

CREPALDI, S. A.; CREPALDI, G. S. **Contabilidade de custos**. 6. ed. São Paulo: Atlas, 2018.

DUTRA, R. G. **Custos**: uma abordagem prática. 8. ed. São Paulo: Atlas, 2017.

MARTINS, E. **Contabilidade de custos**. 10. ed. São Paulo: Atlas, 2010.

NAKAGAWA, M. **ABC**: custeio baseado em atividades. 2. ed. São Paulo: Atlas, 2001.

_____. **Custeio baseado em atividades**. São Paulo: Atlas, 1994.

PADOVEZE, C. L. **Contabilidade gerencial**: um enfoque em sistema de informação contábil. 7. ed. São Paulo: Atlas, 2010.

PADOVEZE, C. L.; TAKAKURA JUNIOR, F. K. **Custo e preços de serviços**: logística, hospitais, transporte, hotelaria, mão de obra, serviços em geral. São Paulo: Atlas, 2013.

RIBEIRO, O. M. **Contabilidade de custos**. 10. ed. São Paulo: Saraiva, 2017. (Série Em Foco).

VICECONTI, P.; NEVES, S. das. **Contabilidade de custos**. 12. ed. São Paulo: Saraiva, 2018.

Sobre o autor

Michael Dias Corrêa é doutorando em Contabilidade, na linha de Contabilidade Financeira e Finanças, mestre em Contabilidade e Finanças e bacharel em Ciências Contábeis pela Universidade Federal do Paraná (UFPR). Atualmente, leciona disciplinas ligadas à contabilidade geral e gerencial em cursos de graduação e de pós-graduação, nas modalidades presencial e a distância. Tem experiência em multinacionais na área de controladoria e relatórios financeiros. Pesquisador da área contábil, possui diversos artigos publicados em periódicos científicos e apresentados em congressos de contabilidade e finanças no Brasil e no exterior.

Os papéis utilizados neste livro, certificados por instituições ambientais competentes, são recicláveis, provenientes de fontes renováveis e, portanto, um meio sustentável e natural de informação e conhecimento.

FSC
www.fsc.org
MISTO
Papel produzido a partir de fontes responsáveis
FSC® C114026

Impressão: Optagraf

Julho/2022